AF330549

L n 27/10741

DE

LA BRUYÈRE.

PARIS.—IMPRIMERIE DE FAIN ET THUNOT,
IMPRIMEURS DE L'UNIVERSITÉ ROYALE DE FRANCE,
Rue Racine, 28, près de l'Odéon.

DE
LA BRUYÈRE.

THÈSE

PRÉSENTÉE

A LA FACULTÉ DES LETTRES DE PARIS

PAR

CHARLES CABOCHE,

LICENCIÉ.

PARIS.

JOUBERT, LIBRAIRE-ÉDITEUR,

RUE DES GRÈS, 14, PRÈS LA SORBONNE.

1844

DE
LA BRUYÈRE.

Il y a peu de livres qui, du vivant de l'auteur, aient eu autant de succès, et qui aient été aussi avidement lus que le livre des *Caractères*; il y a peu d'auteurs aussi dont la vie nous soit moins connue que celle de La Bruyère : et quand on voit quelle place il occupait, quel vide il laissa, en mourant, dans l'amitié de Bossuet (1), et même dans les souvenirs si fugitifs de la cour ; quelle estime Saint-Simon (2), ce grand connaisseur des hommes, professait pour

---

(1) Bossuet à son neveu :

« C'a été pour vous une bien fâcheuse nouvelle que celle de la mort de
» M. de La Bruyère ; toute la cour l'a regretté, et M. le prince plus que tous
» les autres. »

28 mai 1696.

« Nous vous avons écrit la mort du pauvre M. de La Bruyère, et ce-
» pendant nous voyons que vous l'avez apprise par d'autres endroits. »

30 juin 1696.

« Je revins hier de Versailles pour assister à la réception de M. l'abbé
» Fleury, et à sa harangue à l'Académie; il a la place de notre pauvre ami,
» que je regrette tous les jours de plus en plus. »

16 juillet.

(2) « Le public perdit après un homme illustre, par son esprit, par son

1

son caractère; quand on songe à ce qu'il lui fallut de mérite pour effacer, aux yeux passionnés de ce juge, l'obscurité de son nom et de sa vie, on sent redoubler le regret de n'avoir pas plus de détails qui nous le fassent connaître. Assurément, ce n'est pas une curiosité stérile que celle qui s'attache ainsi à la mémoire des grands écrivains, et cherche avec empressement à les suivre dans les épreuves de la vie, pour jeter ensuite quelque lumière sur leurs ouvrages, et mieux comprendre leur génie. Ainsi, quand nous lisons que Bossuet, jeune encore, alla méditer la Bible au pied du lit où la mort venait d'étendre Richelieu en dépit de sa puissance, nous sentons mieux comment se formait dans son âme le sentiment profond qui donna plus tard tant d'élévation à son éloquence. Et quand Racine, le fils, nous raconte les pieuses et simples récréations que son père partageait avec lui, il nous est plus facile d'assister en quelque sorte au travail de l'esprit qui donna tant de naïveté au rôle de Joas. Mais pour La Bruyère rien de semblable : en vain, sa mort laissa dans le cœur de ses amis, et quels amis! de si chers, de si honorables souvenirs. Nous n'avons aucun de ces détails qui nous révèlent l'homme, ses mœurs, sa vie; qui nous disent sous quelle influence il écrivit les

---

» style, et par la connaissance des hommes, je veux dire, La Bruyère.....
» C'était d'ailleurs un fort honnête homme, de très-bonne compagnie,
» simple, sans rien de pédant et fort désintéressé : je l'avais assez connu
» pour le regretter, et les ouvrages que son âge et sa santé pouvaient faire
» espérer de lui. »

Saint-Simon, tome 1, page 354, éd. 1829.

remarques si fines qui forment le chapitre *du cœur*, ou celui de *la société*, les apostrophes si hardies du chapitre *des grands*, où il puisa la noble liberté qui anime tout son livre.

Toutefois, si tout ce siècle, qui accueillit l'ouvrage avec tant de passion, ne nous apprend rien de l'auteur, s'il ne nous reste de lui que son livre et les noms de ses amis, de ses protecteurs et de ses ennemis, peut-être sera-t-il permis d'aller chercher et surprendre dans le tableau de la société où il vécut, dans les mœurs des hommes qu'il fréquenta, des amis qui accueillirent son livre, des critiques qui le condamnèrent, quelques traits capables de nous faire mieux comprendre l'ouvrage, et connaître l'écrivain.

Sans savoir ni la date ni le lieu de sa naissance, nous savons du moins qu'il venait d'acheter une charge de trésorier à Caen, lorsque Bossuet le fit changer de résolution et de destinée, en l'appelant chez M. le Prince pour enseigner l'histoire à M. le Duc.

Quelle fut la cause ou la raison de ce choix? A quels signes Bossuet sut-il deviner dans l'auteur futur des *Caractères*, qui s'ignorait encore lui-même, le maître capable de donner, suivant l'expression d'un contemporain, *une excellente éducation* (1), le philosophe

______

(1) Saint-Simon, t. VIII.

ferme qui travaillerait à continuer au nom de la morale et de la raison, l'œuvre que lui-même avait entreprise au nom de la religion? La Bruyère avait-il déjà étudié la philosophie de Descartes, et était-ce l'amour commun de la même doctrine qui fixa ce choix? Est-ce dans la suite et dans la nouvelle société où il se vit tout à coup transporté; est-ce dans la conversation de ce monde, disciple de Descartes, qu'il a appris à le connaître? Nous ne savons. Ce qui est certain, c'est que Fleury, avocat et cartésien, devint, entre les mains de Bossuet, le libre auteur de l'histoire ecclésiastique; que M. de Cordemoy, disciple de la même philosophie, fut choisi et nommé par lui lecteur de monseigneur; et que La Bruyère, qui fut cartésien aussi, entra dans la maison de Condé sur sa parole. Depuis ce temps, il ne quitta plus le titre modeste d'homme de lettres de M. le Prince; passant trois mois à Chantilly, dont il parle avec complaisance, vivant le reste du temps à Versailles, sauf quelques voyages à Paris, à Auteuil, pour aller consulter Boileau, et lui lire son *Théophraste.*

Ce n'est, du reste, ni un spéculatif ni un solitaire : persuadé que dans toutes les formes de gouvernement il y a *le moins bon et le moins mauvais,* il estime celui de son temps le meilleur, il s'y soumet; en raillant l'humeur frondeuse et toujours mécontente de *Démophile,* et l'enthousiasme aveugle et flatteur de *Basilide,* il remercie le roi de *l'extinction de l'hérésie, du bannissement d'un culte faux, suspect et ennemi de la souveraineté* (1) : il a toutes les colères de la cour contre le prince d'Orange. Attentif aux luttes que Bossuet soutient contre les protestants, il lit l'*Avis aux réfugiés* (2), qu'il tient de Bossuet lui-même ; il écrit sur le quiétisme et en montre les erreurs, malgré son admiration pour Fénelon. Il vit à la cour, chez les grands, et il fait de la cour et des grands des peintures pleines de vérité : il loue la piété, et démasque impitoyablement la dévotion. On voit qu'observateur vigilant et peintre éloquent des mœurs de ce siècle, il en a vu, étudié, touché et presque ressenti toutes les passions.

Quelle était cependant la position d'un homme de lettres, qui recevait trois mille francs d'appointements chez ces grands dont les moindres excès étaient d'*ouvrir une allée dans une forêt,* de *faire venir dans un parterre dix pouces* d'eau en dépit de la nature ? dans cette maison dont Saint-Simon (3) s'est plu à nous peindre les emportements insensés ? Nous croirons facilement que sa vie était pleine de dignité et de fermeté, comme le prouvent les libertés hardies de son livre et les rudes attaques qu'il dirige contre l'ignorance des Grands, contre leur orgueil, contre cette vie toujours gouvernée par sentiment et si rarement par raison. Ménage nous dit qu'il n'était pas grand parleur, je le crois facilement ; et je me

---

(1) *Du Souverain et de la République.*
(2) *OEuvres de Bossuet*, lett. div., 27 juill. 1691.
(3) *Des Grands*, t. 1, p, 262.

figure qu'il eût été bien impossible de faire un recueil de ses saillies. Il ne s'oubliait jamais. N'est-ce pas de lui, cette belle pensée, et ne commence-t-elle pas heureusement le chapitre de la société : *un caractère bien fade est celui de n'en avoir aucun?* Et n'a-t-il pas trouvé que le plus beau privilége de l'honnête homme était celui-ci : *son caractère jure pour lui* (1). A voir la réserve et la fermeté de son maintien, *les grands* les plus grands, et ces fières *altesses à qui il était* (2), respectaient cette oisiveté active du sage qui lui tint lieu de naissance, de fortune et d'emploi. S'il ne marchait pas de pair avec les plus beaux génies de la cour, il se relevait par le mérite personnel ; et en rendant tout à tous avec une sage discrétion, il savait maintenir la *sérénité sur son visage et la dignité dans sa condition* (3).

Bien des circonstances d'ailleurs étaient favorables à son indépendance. Accueilli avec toutes sortes d'égards dans la

---

(1) Il reste dans le *Santoliana*, une lettre que La Bruyère adressait à Santeul, hôte comme lui de la maison de Condé. Peut-être pourrait-elle confirmer encore ce que je dis ici du caractère de La Bruyère. Que reproche-t-il en effet au poëte? ses inquiétudes, la crainte de perdre son crédit, de déplaire aux grands, dont il est le familier : et il attribue tous ses désespoirs à une seule cause : c'est qu'il a trop d'abandon dans les manières, trop de liberté dans les mœurs ; c'est qu'*avec le plus beau génie du monde, il n'est dans sa conduite qu'un enfant de douze ans et demi.*

(2) *Lettre à Bussy.* Voir l'éloge qu'il fait de ce modeste abbé de la Chambre, qu'il remplaça à l'Académie française. Voir aussi l'éloge que fit de lui l'abbé Fleury, le jour où il vint prendre sa place dans ce corps illustre.

(3) *Du mérite personnel.*

maison de Condé , sur la parole de Bossuet , honoré de son amitié (1), il trouvait autour de lui, pour le protéger, le crédit de la naissance, et la puissance du génie. C'était en effet le temps, je dirai presque le règne de cet homme , que dans un beau mouvement de reconnaissance, et dans la seule circonstance solennelle de sa vie, il saluait du titre *de père de l'Église*. La vraie grandeur de Bossuet nous apparaît tout entière , quand on le voit comme le voyait La Bruyère, au milieu de son siècle , orateur , historien , théologien, philosophe, répandant les trésors de son érudition ou de son éloquence dans ses entretiens, dans ses écrits, dans la chaire, et prêtre, remplissant avec une dignité infinie les devoirs de son ministère. C'était peu pour lui que Turenne se fût rendu à sa parole; que le grand Condé eût appris de lui à honorer sa retraite et sa mort par une docilité qui étonne ; que Larochefoucault fût mort entre ses mains, de manière à édifier et à consoler ses amis; il est partout, il anime tout, il tient en sa main, il dirige, il éclaire, il donne aux princes, aux grands, selon les conseils de sa prudence toujours sage, ces hommes de lettres, qui devaient éclairer leur maison en élevant leurs

---

(1) Je ne puis m'empêcher de citer ici quelques lignes de Bossuet, qui me semblent donner une idée juste de ce qu'était La Bruyère, et montre comment il devait plaire à Bossuet : « Écoutons à ce propos le profond » raisonnement, non d'un philosophe qui dispute dans une école, ou d'un » religieux qui médite dans un cloître : je veux confondre le monde par » ceux que le monde même révère le plus, par ceux qui le connaissent le » mieux. »   *Or. fun. de H. A., d'Angleterre.*

enfants. Fontenelle en effet, qui écrivait déjà à ce moment, nous le représente à la tête d'une société de gens illustres (1) par l'esprit, au nombre desquels était La Bruyère. « Cette
» société, dit-il, séparée de celle des illustres de Paris,
» étroitement unie, libre et indépendante dans ses juge-
» ments, ne relevant ni de la cour, ni de la ville, mais
» des lumières, de la sagesse et des vertus de chacun de
» ses membres, était d'une autorité souveraine à Ver-
» sailles, et capable d'intimider Paris, au point qu'il ne
» se croyait plus assez fort pour en appeler de ses juge-
» ments. »

C'était à cette société que se rattachait, selon le même écrivain, la maison de Condé, où l'esprit était aussi grand que la naissance : maison grave alors, mais d'une gravité fière, qui offrait un asile à Boileau et à Racine, contre d'indignes cabales, et menaçait leurs ennemis avec quelque chose de dédaigneux qui rappelait la Fronde. Quand on voit les ruines de Chantilly, et qu'on lit dans Gourville avec quelle impérieuse volonté, avec quelles royales dépenses le grand Condé se fit cette superbe re-traite, que ses fils et ses petits-fils augmentèrent comme un autre Versailles, on est étonné; et l'on comprend qu'a-près le roi, l'homme de France que *Burnet* ait vu avec le plus d'admiration, c'est le grand Condé. C'est qu'il tenait une sorte de cour, qui, à côté de l'*effrayante majesté* du

---

(1) *Éloge de M. de Malezieux*, p. 318, t. VI, éd. 1758.

grand roi, avait su défendre avec fermeté, et maintenir avec réserve sa dignité. A ce moment surtout, Louis XIV, qui ne pouvait oublier que Condé avait attaqué dans de mauvais jours son autorité menacée, respectait dans Condé retiré son air naturel d'indépendance ; et Condé, qui se souvint de sa révolte jusqu'à la mort, conservait pour lui et les siens ce ton de prince, qui juge et prononce sans contrainte. Autour de lui se rangeaient, pour soutenir l'honneur de la famille, M. le Prince, doué de beaucoup d'esprit, et de toutes sortes d'esprit, plein de discernement et de goût ; le prince de Conti, qui, de bonne heure, mérita l'amitié de M. de Montausier et de M. de Meaux, qui avait excité dans le cœur de M. le Prince, le héros, une secrète prédilection plus forte que l'amour paternel, qui en recevant ses instructions fit la consolation de sa vieillesse, et fut comme la douceur de cette famille si hautaine et si impétueuse.

Ce ne fut pas, ce semble, un faible avantage pour La Bruyère de se trouver transporté de bonne heure dans cette maison, où régnait en face du palais du roi, une aussi grande liberté de pensées et de paroles. C'était peu qu'elle lui offrît bien des sujets de réflexion, bien des traits, pour peindre, soit le vrai mérite, soit la politesse, soit l'esprit de conversation, soit même l'orgueil et les excès de la grandeur, de la naissance et de la fortune ; elle lui donna sa part de la liberté commune ; il parla sans contrainte : il loua, il admira la vertu sincère, franche, comme le vainqueur de Rocroi, en dépit des règles et des partis, admirait Corneille; il jugea, il blâma, et ce qui est plus audacieux, il peignit en traits immortels les ridicules et les vices de cette grande époque.

Ce n'est pas que la liberté de ses jugements ne lui ait quelquefois attiré les critiques injurieuses d'hommes mal habiles, qui se sentirent blessés de ses traits, et eurent le mauvais esprit de laisser éclater hautement leur colère. Le *Mercure galant* (Juin 1693), pour exciter un peu de haine contre lui, et venger les nouvelles mœurs et la littérature nouvelle contre leur ardent censeur, ne voulait voir dans son livre qu'un recueil de portraits satyriques, un amas d'invectives; et faisant un appel à la piété du roi, *qui souffrait de la satire*, prétendait l'accabler sous l'odieux reproche de médisance et de calomnie. Mais au moment où il écrivait cet article perfide, le *Mercure* (1) avait perdu sa cause devant le public, auquel il adressait son accusation; la cour avait adopté La Bruyère, encouragé sa liberté, honoré sa franchise : Il était de l'Académie française (2) : il avait vu en peu de temps s'épuiser les

---

(1) Dès la première édition de son livre, La Bruyère avait dit de ce recueil : le M. G. est immédiatement au-dessous de rien (*Des Ouvrages de l'Esprit*)..... Il n'ajouta rien depuis à ce trait, et dédaigna l'article dont nous parlons.

(2) Il fut reçu à l'Académie française le 15 juin 1693, c'est-à-dire, entre la septième et la huitième édition de son livre. Une première fois, 1691, *sept voix avaient été pour lui, il ne les avait pas mendiées, elles étaient gratuites* (Lettr. à Bussy). Quand il vint prendre la place de cet

nombreuses éditions de son livre, et tous lui demandaient
de nouveaux caractères. Il vivait presque l'égal des plus
grands seigneurs, des plus fiers du moins ; il gagnait
chaque jour quelque peu de cette noble estime, où il semble s'être plu à ensevelir sa vie.

Car on peut dire de lui, tel écrivain, tel homme ; c'est
la même indépendance, c'est comme la même hardiesse,
appuyée non pas sur l'orgueil, ou quelque sentiment de
jalousie et de haine, mais sur des principes plus fermes
et plus certains. Il a bien, il est vrai, des amis prompts
à le censurer, comme le fit Boileau. Mais son principal
conseiller et son premier confident, c'est le public.

Jamais auteur ne consulta le public avec une plus con-
stante déférence, jamais auteur ne corrigea et ne recorrigea
davantage ; et par un heureux privilége, son ouvrage, loin
de *fondre tout entier au milieu de la critique*, alla toujours
s'augmentant, se modifiant, s'éclaircissant ; la simplicité,
la concision de sa pensée première disparurent, il est vrai ;
mais tel ou tel tableau, placé dans un jour plus favorable,
tel trait, mis en relief, une grande partie de ces portraits
si vifs, firent de son livre, non plus l'ouvrage de quelques
connaisseurs, mais de tous ceux qui savent lire. Quelle
différence en effet entre les huit éditions que La Bruyère

---

homme *qui avait de la vertu, il n'a point effleuré la liberté du choix
par une importune sollicitation..... Il a désiré d'avoir cette distinction
dans toute sa fleur et dans toute son intégrité.* (Disc. à l'Acad.)

donna lui-même dans l'espace de sept années (1) ! Combien ce livre, tel que nous l'avons aujourd'hui, ressemble peu à celui que Bussy admirait comme un prodige de délicatesse ! Toutefois, si dans ces changements divers, il a eu le désir de laisser un ouvrage de mœurs *plus complet*, *plus fini*, *plus régulier*, il a su s'arrêter, et prendre l'engagement de ne plus rien ajouter à ses *Caractères*, sa vie même eût-elle été plus longue. Ainsi, de son aveu il avait donné à ses pensées tout le feu, toute la variété, toute la force qu'il pouvait : et le juger sur son livre, c'est le juger sur un ouvrage qu'il reconnaît et avoue.

Que s'il devint ainsi écrivain et moraliste, dans la confidence et comme sous les yeux du public ; si, d'après ses conseils et ses besoins, sans en altérer en rien l'esprit, il modifia, changea ainsi la forme de son livre; n'est-il pas

---

(1) Le privilége de la première édition est du 8 octobre 1687.

Les deux premières éditions portent toutes les deux la date de l'année 1688. Bibliothèque du roi. La première est de 360 pages.

La quatrième est de 1689, et fut achevée d'imprimer le 15 février 1689. Elle est de 425 pages. Comparée à la seconde, elle renferme de nombreuses additions.

La sixième est de 1691. Elle fut achevée d'imprimer le 1er juin 1691. Elle est de 587 pages.

La septième est de 1692, et contient 679 pages. Toutes ces éditions sont intitulées : *Caractères de Théophraste*, *avec les caractères ou mœurs de ce siècle*, sans nom d'auteur.

La huitième est de 1694.

Je n'ai pu me procurer dans les bibliothèques de Paris, ni la troisième, ni la cinquième édition. Il nous apprend lui-même, dans sa préface, que la cinquième édition était de 1690.

naturel de penser qu'avant la première édition, et quand le livre n'existait encore que dans sa pensée, l'image, le goût de ce public, qu'il représentait, et pour qui il écrivait, furent sans cesse devant ses yeux ? Quels étaient donc alors les traits principaux de ce monde, à qui La Bruyère offrait avec tant de confiance, et qui accueillait avec tant d'avidité sa vivante image ? Quel était l'esprit de la cour qui a pu faire naître l'idée d'un pareil livre ? Quels étaient ces grands qui protégeaient les hardiesses d'un peintre aussi sévère ?

Depuis quelques années, un changement s'était préparé dans les esprits, et allait bientôt s'accomplir dans les mœurs. Le siècle, ébloui de l'éclat qui entourait la jeunesse du roi, la gloire de ses armes, le faste et le luxe de sa cour, toujours empressé à lui complaire, même au mépris des plus graves devoirs, le siècle secouait peu à peu son enchantement, et l'exemple venait de ce même roi, qui n'avait jamais rencontré de résistance. Ainsi, pendant que La Bruyère faisait imprimer le livre des *Caractères*, Versailles vit partir pour la dernière fois, cette femme célèbre, qui avait longtemps nourri dans le cœur du roi l'amour du luxe et des fêtes, comme le soutien de son règne ; on vit Mme de Montespan, non plus cette *triomphante beauté*, non plus cette *altière Vasthi*, mais confuse et honteuse, aller purifier dans les humiliations et la pénitence les souvenirs de sa coupable grandeur ; et le roi, qui, en abdiquant de nouveau sa liberté entre les mains (1) d'*une personne sûre*, se faisait honneur *de la modestie de son favori*, apprenait à connaître, dans les douceurs de l'amitié, un monde nouveau. Il devenait tout autre. Ainsi, pour suivre dans son esprit et dans son cœur, les progrès des mœurs nouvelles, qu'il me soit permis de choisir les deux affections les plus nécessaires, les plus vraies, les plus nobles dans un homme et dans un roi; celles qu'il avait le plus méconnues et le plus ignorées, la tendresse pour sa famille, l'amour pour ses sujets.

Ç'avait été pour Louis XIV un malheur irréparable d'avoir toujours manqué *des douceurs de la vie privée*, et, le premier signe de sa réforme, c'est de rentrer dans le sein de la famille, et de vivre avec *la reine dans une union tout à fait édifiante* (2); c'est de sentir son bonheur s'augmenter avec le nombre des princes ses enfants; de se consoler en comptant autour de lui un dauphin, un duc de Bourgogne, un duc d'Anjou, et de s'*abandonner à toutes les tendresses de père et de grand-père.*

Quand la maladie l'a mis en danger, et que tous ont craint pour ses jours, nous retrouvons encore dans ces mêmes lettres, destinées au secret, cette belle pensée : « *Le malheur de ses peuples, s'ils venaient à le perdre, la* » *crainte que Monseigneur ne fût mal conseillé, la disgrâce*

---

(1) La Bruyère, *du Souverain.*
(2) *Lettres de madame de Maintenon*, passim.

» *qu'il prévoyait de ses meilleurs amis étaient ses seules in-*
» *quiétudes : il a tremblé pour la France* (1). » Enfin,
quand Monseigneur revient de Philisbourg, et que toute
la cour étant allée à sa rencontre, Monseigneur descend
de voiture, le roi veut descendre aussi : il l'embrasse, et
les voilà, dit madame de Sévigné, « *bras dessus, bras des-*
sous, avec tendresse de part et d'autre (2). »

Avec l'amour des siens naissait l'amour de ses sujets,
dans ce cœur, où Saint-Simon et Fénelon trouveront encore tant d'orgueil et de dureté : et La Bruyère fut le
premier à saluer, à encourager, à affermir peut-être ce généreux retour à des sentiments qu'il avait trop méconnus. On
a loué beaucoup les hardiesses du Télémaque : La Bruyère
fut-il moins libre, ou moins sincère ? N'a-t-il pas dit, dès
l'année 1687 : *Le caractère des Français demande du sérieux*
dans le souverain (3) ? Ce n'était pas là, assurément, ce
qu'avaient conseillé les poëtes dans leur admiration com-
plaisante. N'a-t-il pas, dès cette première édition, im-
posé aux ministres, aux favoris, la loi de l'*humanité* et de
la *vertu;* et bien avant qu'il fût question d'Idoménée
et de ses fautes, de Sésostris et de son faste, et de Mentor,
ce conseiller ami des peuples, n'a-t-il pas proposé pour
modèle à Louvois tout-puissant, le cardinal d'Amboise
qui a permis à son maître d'être bon et bienfaisant, et

---

(1) *Lettres de madame de Maintenon,* 3 janvier 1687.
(2) *Lettres de madame de Sévigné,* 30 novembre 1688.
(3) *Du Souverain.*

de dire de ses villes : *ma bonne ville*, et de son peuple : *mon peuple* (1)? Bossuet, qui formait le cœur d'un roi, en lui montrant les exemples, et en lui racontant les enseignements que renfermait l'Écriture sainte, donnait à l'autorité royale un caractère sacré ; et lui criait avec le prophète : Malheur à ces rois qui se paissent au lieu de paître leur troupeau! c'était parce qu'ils tenaient la place même de Dieu ; c'était parce qu'ils devaient respecter cette image empreinte dans leur personne ; s'il assignait des règles et des bornes à la puissance royale, c'était dans sa grandeur et son élévation qu'il les cherchait. La Bruyère témoin de cette éducation nouvelle du roi, si l'on peut ainsi parler, saisissait dans sa vie les moindres circonstances pour lui rappeler ses devoirs (2). Mais, bien différent de Bossuet, et parlant de l'injustice des premiers hommes qui a enfanté la guerre et rendu nécessaire la puissance des rois, il la rappelait aussi à elle-même, à sa nature, à ses causes, à ses fins, pour lui poser des bornes avec une raison inflexible. *Nommer un roi père du peuple*, ajoutait-il dans sa septième édition, *est moins faire son éloge que l'appeler par son nom ou faire sa définition.* Louis XIV devenait insensiblement digne d'entendre un pareil langage. Le temps arrivait où il devait comprendre que *confondre*

---

(1) Ajouté au chapitre *du Souverain*, dans la sixième édition, 1691, l'année même de la mort de Louvois.

(2) Comparer l'éloge du roi, dans son discours de réception à l'Académie, avec le portrait qu'il trace du souverain à la fin du chapitre X ; les clefs désignent Louis XIV.

les intérêts de l'État avec ceux du prince, était la source de la prospérité publique, que le berger habillé d'or et de pierreries, était un inutile défenseur pour le troupeau, dans les mauvais jours : Que le berger était fait pour le troupeau, et non, le troupeau pour le berger.

Moment curieux et difficile à saisir dans ce siècle si célèbre, dans la vie si éblouissante du roi ; moment favorable à la liberté du moraliste. Le maître change ; la cour l'imite ; l'exemple descend jusque dans la ville, et ce sera bientôt partout, selon l'expression de La Bruyère : *une émulation de vertu et de réforme.* C'est le temps des grandes leçons : c'est la mort de Colbert, qui afflige le roi ; c'est celle de M. le Prince, qui l'édifie ; c'est son admirable lettre, qui l'attriste ; c'est le temps de ces belles et grandes retraites de nobles serviteurs, qui laissent le poids des affaires, l'éclat de la puissance, le charme de la vie et de la faveur ; qui résistent avec une douce et respectueuse liberté à ses plus vives instances, et s'en vont loin de la cour, *mettre un intervalle entre la vie et la mort.* Enfin, c'est le temps, où toutes ces conditions, *qui sont toujours hors d'elles-mêmes,* et ne rentrent jamais dans leur conscience, la royauté, la puissance, la fortune s'arrêtent comme effrayées des irrésistibles excès qui les emportent sans cesse. On cherche à vivre mieux ; et ce qui est beaucoup *plus sérieux, on meurt bien* (1).

(1) *Des Esprits forts.*

Mais y a-t-il rien de si délicat à un roi que de réformer sa cour (1)? Sait-il toujours jusqu'où l'on peut mentir pour attirer son regard ou obtenir son agrément? Hâtons-nous de le dire : cet exemple venu de si haut, au milieu d'une cour avide d'honneurs ou empressée de plaire, avait son écueil. Tout ce *qui vivait de la faveur, tout ce qui se couchait ou se levait sur l'intérêt,* prenait facilement un air réformé : on changeait, il est vrai, son habit, ses cheveux ; on composait son visage ; mais changeait-on toujours son cœur et ses mauvaises mœurs? Dans les années surtout qui suivirent celles où vécut La Bruyère, et déjà même de son temps, on imita, on contrefit la piété ; et plus tard, quand on se sentit libre de l'autorité impérieuse qu'avait exercée Mme de Maintenon, avec plus d'ardeur et plus d'empire peut-être que de prudence, ces sentiments vainement contenus éclatèrent avec une inconcevable énergie. Mais là même se trouvait une circonstance favorable pour l'écrivain qui ne voyait de perfection, en littérature comme en morale, qu'en pensant juste et en exprimant le vrai. Toujours jaloux de ses faveurs, le roi aimait à s'entendre nommer ces hypocrites et ces courtisans, qui désavoueraient à l'agonie la bassesse de leurs flatteries. Ainsi la sincérité du roi, le mensonge des courtisans, encourageaient la hardiesse des peintures qu'il a tracées pour flétrir, sous le nom de dévotion, leur ambition trompeuse (2).

---

(1) *De la Mode*, à la fin.

(2) C'est ainsi du moins que nous expliquons tant de traits hardis, tant

Autre écueil des mœurs nouvelles : autre sujet d'études et de remarques pour le moraliste : autre source de liberté. Quel est, en effet, le sens de ces doubles attaques dirigées à la fois, et contre les dévots, et contre les libertins ? Contre les uns, il parle avec la hardiesse d'un philosophe du siècle suivant; contre les autres, avec la vigueur d'un Bourdaloue : *Un prédicateur en chaire ne fait pas du vice une peinture* plus énergique. Et je voudrais ici marquer entre ces deux excès qu'il frappe également, la marche ferme, l'attitude noble de La Bruyère. Trop souvent on attaque les défauts d'un parti, et l'on partage ceux du parti opposé. Lui, il est implacable pour l'un et pour l'autre, et il confond dans une haine commune les dévots et les esprits forts. C'est là le secret de sa force et du succès inouï de son livre. C'est aussi l'éloge de son temps.

Le règne de Louis XIV avait jeté tant d'éclat, sa grandeur paraissait si assurée; on croyait si fermement à la durée de sa famille, et à l'éternité de son trône, qu'on ne soupçonnait pas que rien pût jamais l'ébranler. Dans l'état des esprits, les uns, sincères et vrais (c'étaient les

---

de libertés, comparables à celles des *Lettres persanes*. Le dévot et le courtisan sont hypocrites et haïssables au même titre : les traits qui conviennent à l'un et à l'autre sont souvent confondus; chez les hommes, la dévotion n'est souvent qu'ambition; chez les femmes que vanité. Il rit du directeur, il respecte le confesseur (ch. *de la Mode : des femmes*). Je n'ai pas besoin de dire que par le mot de dévotion, je n'entends, comme La Bruyère, que la fausse dévotion.

plus puissants), touchés de l'amour de leurs devoirs, souffraient, qu'on les leur rappelât, sans examiner à quel titre, en quel nom on le faisait : ainsi, ils écoutaient, ils accueillaient avec un empressement égal, et ceux qui tiraient de l'Écriture sainte les règles destinées à gouverner les empires, ceux qui, au nom de Dieu, faisaient la loi aux rois d'une manière souveraine et absolue ; et ceux qui cherchaient dans la nature même des choses les conditions et les lois de leur existence, ceux qui déterminaient par la force de la raison l'étendue de leurs droits et de leurs devoirs.

Les autres, divisés en deux camps ennemis, hypocrites ou effrontés, ne se faisaient pas dans toute la rigueur à chacun d'eux l'application des hardiesses du philosophe : mais avec une malice infinie savaient à la fois trouver, dans ceux qu'ils haïssaient, mille traits de ressemblance, et encourager l'écrivain qui osait les peindre. Telle était donc la position en quelque sorte inviolable de La Bruyère, et le tableau en sera complet, j'espère, si je puis saisir sous cet autre aspect les nouvelles mœurs.

En effet, à mesure que la raison, ou l'intérêt, ou l'ambition poussaient la cour dans cette nouvelle voie, se formait en dehors de son action, se détachait de ses opinions, une autre société, où, sous le nom de philosophie, on entendait bien diversement l'existence ; ce n'était plus, comme dit le poëte,

> Certaine philosophie
> Subtile, engageante et hardie,

qu'adopta Port-Royal, qu'étudia madame de Sévigné, qu'aima madame de La Sablière : philosophie spiritualiste, qui, après avoir exercé ces belles âmes, éclairé leur esprit, dirigé leur raison, les remit fidèlement entre les mains de la foi. Mais il y avait à côté de Descartes, Gassendi ; à côté de l'*esprit*, la *chair*, comme s'appelaient l'un l'autre ces deux célèbres philosophes. Un moment dans la vie de La Fontaine nous marque vivement la séparation de ces deux sociétés.

A peu près vers le temps, où parurent les *Caractères*, il s'éloigna de madame La Sablière, ou plutôt, cette ancienne protectrice, passant à des idées plus graves, abandonne le poëte à son incorrigible licence. C'est le temps aussi, où Racine se plaint de n'avoir plus de ses nouvelles, où après avoir mille fois promis de respecter davantage son talent, il écrit encore de ces vers, où, n'en déplaise à une de ses amies qui ne s'est pas nommée, *la morale, n'est ni fine, ni délicate, et où il n'est certainement pas philosophe du vieux temps.* Alors, à défaut d'*Iris*, passant dans la société de *Sylvie* ou plutôt de madame d'Hervard, oubliant Racine pour Waller, l'Anacréon anglais, il mène, selon ses expressions, *une vie mêlée de philosophie, d'amour et de vin.* Il faut bien le reconnaître ; dans la littérature La Fontaine est un *esprit fort* : parti de Descartes, arrivé à Gassendi, abandonnant ses vieux amis, ou abandonné d'eux, il est d'un monde tout nouveau. En trouver les principaux caractères dans La Bruyère, serait chose trop facile ; les y chercher, serait mauvaise logique ;

car il s'agit justement de montrer dans quelle position se trouvait La Bruyère à l'égard de cette société. J'ai mieux aimé, je l'avoue, aller chercher dans les ouvrages contemporains (1), la naïve expression des mœurs de ces mêmes années, et puis rapprocher du livre des *Caractères*, les traits qu'ils renferment. Ainsi dans le Journal des Savants (année 1688) à côté de l'article, qui annonce un ouvrage de Bossuet, un volume de Nicole, tel ou tel discours chrétien sur la bienséance ou la conversation, je retrouve des extraits hardis, audacieux ; une critique toute gassendiste de Descartes, l'épitaphe de Chapelle ; et l'éloge de sa vie licencieuse ; à propos des chinois et de leur divine charité, des témérités renouvelées de Lamothe-le-Vayer, qui, faisant de Confucius un saint, raille la religion avec la bouffonnerie de Voltaire. Je retrouve partout l'éloge et les opinions de Bernier, voyageur comme l'avait été Sorbière, philosophe sceptique comme l'avait été Chapelle, dont il écrivait l'éloge. Or Bernier, ce grand partisan d'Épicure, qui avouait à Saint-Évremond qu'après avoir philosophé cinquante ans il doutait des choses qu'il avait cru le plus assurées, était aux yeux du moraliste un

---

(1) Dans le sermon pour la fête de l'Épiphanie, prononcé le 6 janvier 1686, Fénelon parle des mœurs nouvelles à peu près comme le fait La Bruyère. Je prends seulement les traits qui s'adressent à l'esprit d'incrédulité : « une sagesse vaine et indépendante ; une curiosité superbe et » effrénée emporte les esprits..... des hommes profanes et téméraires ont » franchi les bornes et ont appris à douter de tout.... Un bruit sourd d'impiété vient frapper nos oreilles..... L'instruction augmente, la foi diminue..... L'incrédulité, quoique timide, n'est pas muette. »

de ces hommes qui achèvent de se corrompre par de longs voyages, et perdent le peu de religion qui leur restait (1). Avec les aveux de Bernier, venaient de Hollande les inépuisables écrits de Bayle, son éditeur, plein d'indifférence, plein du scepticisme de tous les siècles et de tous les pays, de Bayle qui disait de lui-même : *je suis un philosophe sans entêtement, et qui regarde Aristote, Épicure, Descartes comme des inventeurs de conjectures, que l'on suit, ou que l'on quitte selon que l'on veut chercher plutôt un tel, qu'un tel amusement d'esprit.* Venaient d'Angleterre les lettres de Saint-Évremond, ce bel esprit qui vécut presque un siècle entier, disciple de Gassendi et de M. Bernier : *indulgent aux mouvements de la nature, contraire aux efforts,* voulant que la sobriété fût un calcul de jouissance, et que le repas, qu'on faisait, ne pût jamais nuire à celui qu'on devait faire : ami de l'indolence et de la paresse; chérissant toujours et pratiquant selon les temps et les occasions, selon la jeunesse ou la vieillesse, la volupté en repos, et la volupté en mouvement; en politique, n'ayant d'autre roi que Guillaume, chantant ses victoires : en religion, parfaitement indifférent,

Regardant comme on vit et non pas comme on pense.

La Bruyère est plein de traits vifs, énergiques, frappants pour peindre l'*indifférence* et *la grossièreté* de ces hommes qui vont *contre le train commun et les grandes règles,* qui ont

---

(1) *Des Esprits forts.*

attaché leur esprit et leur cœur à la terre; qui n'estiment, qui n'aiment rien au delà.

Mais Bayle, mais St-Évremond n'étaient, en quelque sorte, que des spéculatifs en fait de matérialisme et d'indifférence; l'indolence et la tranquillité étaient, à leurs yeux, le bonheur des malades et des paresseux, et, à ce double titre, ils en jouissaient sans autre inconvénient; ils disaient, ils écrivaient; d'autres mettaient en pratique; ils avaient les paroles, d'autres les actions. C'était en France, à Paris, que régnait aux yeux de tous, cette société corrompue et corruptrice, où venait retentir, comme dans un écho fidèle, la liberté de leur philosophie. C'était le duc de Vendôme, le plus superbe, le plus impudent, le plus scandaleux des hommes, qui étalait à la tête des armées, en dépit de l'honneur de la France, qu'il avait à défendre, la paresse et la débauche, qui osait offrir à l'héritier du trône une fête, et quelle fête! pendant que la santé du roi donnait de sérieuses inquiétudes (1). C'était le grand prieur, chargé de tant de vices, de tant de déréglements, de tant de folies, dissipateur effronté, à qui La Bruyère, dit-on, adresse cette vive apostrophe qui commence le chapitre des *grands*. C'était le duc ou plutôt la duchesse de Bouillon, devant *qui son mari était petit comme l'herbe;* fière, spirituelle, reine à Paris, terrible à la cour, libre à Versailles jusqu'à intimider Monseigneur,

____

(1) On reconnaît ici les jugements de St-Simon.

aimant les beaux esprits, docile à leurs maximes faciles et indulgentes, charmée de les entendre célébrer ses faiblesses. C'était le duc de Nevers, qui ne se souciait de quoi que ce fût, voluptueux à l'excès, qui, se trouvant fort riche et en voie de grande puissance, aimé du roi, recherché par la faveur, avait quitté la cour pour les plaisirs, et s'était enfermé dans un cercle de familiers, dont les vers et la philosophie faisaient tous les charmes (1). A la vue de ces grands exemples de scandale et de corruption, *y a-t-il donc*, s'écrie La Bruyère, *y a-t-il sur la terre des grands assez grands, des puissants assez puissants, pour mériter de nous que nous vivions à leur gré, selon leurs goûts et leurs caprices, et que nous poussions la complaisance plus loin en mourant, non de la manière qui est la plus sûre pour nous, mais de celle qui leur plaît davantage* (2). C'est qu'à côté de ces grands, et sous leur joug, il voyait des gens d'un bel esprit, d'une agréable littérature qui avaient épousé leur libertinage et vivaient pour eux, espèce d'hommes complaisants et flatteurs, d'humeur frivole, de mœurs plus frivoles encore, toujours attachés à la suite de leurs maîtres comme leur ombre, toujours disposés à admirer, à vanter leur folle licence, tant qu'ils pourront ou qu'ils

---

(1) Les hommes gâtés jusque dans la moelle des os par les ébranlements et les enchantements des plaisirs violents et raffinés, ne trouvent plus qu'une douceur fade dans les consolations d'une vie innocente : ils tombent dans les langueurs mortelles de l'ennui, dès qu'ils ne sont plus animés par la fureur de quelque passion. (Fénelon, *Disc. pour la fête de l'Epiph.*)

(2) *Des Esprits forts.*

voudront bien la partager ; ainsi, il y a les poëtes de la
ville, comme ils s'appellent eux-mêmes par la bouche de
Chaulieu (1), qui, du sein de l'ivresse de leurs plaisirs,
envoyaient je ne sais quel ironique et dédaigneux cartel
aux poëtes de la cour. Il y aura un jour Voltaire, qui d'a-
bord acceptera avec une inconcevable complaisance et
ensuite rejettera avec trop d'éclat cette humiliante amitié ; mais avant Voltaire, il y a Chaulieu, il y a La Fare...
qui adressent des vers, libres enfants de leur raison frondeuse et sceptique , à tous ces grands qui les nourrissent ; ils
chantent la mort sur des tons bien différents , ici , en chrétiens (1695), plus tard, en épicuriens (1700) et là , en déistes
(1708). Étrange opposition ! Les belles morts, les morts
résignées, consenties, touchaient la cour , et toute la société
grave y voyait autant d'éloquentes leçons qui l'édifiaient
et l'affermissaient. L'image de la mort se présente aussi
à ces esprits frivoles : elle est le sujet de leurs vers ; mais
ils semblent craindre qu'*elle ne noircisse leur humeur,* et ils
la mettent en chansons comme pour s'apprendre à la
braver et s'aguerrir contre ses coups. Bien loin de cette
constance sérieuse, qui selon La Bruyère sied bien à un
tel sujet , la pensée de la mort leur rappelle qu'un jour

---

(1) *Lettre adressée au marquis de La Fare* (1701). Il parle d'une compagnie exquise et peu nombreuse , qui rejoignait seulement les grâces de
Mortemart à l'imagination de Mancini , où manquait le Dieu des festins et
de la joie , qui n'est autre que La Fare. En 1725 , nous voyons Thiriot ,
ami de Voltaire , fort occupé de donner une édition des poésies de
Chaulieu.

la vie les quittera, et qu'il faut se hâter de jouir de ces présents d'un jour.

Et jamais circonstances plus heureuses purent-elles se présenter au philosophe *qui consume sa vie à observer les hommes*, et qui ne se propose d'autre but de ses travaux que de les *rendre meilleurs ?* Une nation, brillante de tous les dons de l'esprit, de toutes les grandeurs de la gloire, s'arrête tout à coup, et renonce à l'enivrement qui l'avait séduite. On voit naître et grandir un esprit nouveau : le génie des grands hommes qui étaient déjà, et de ceux qui leur succèdent, se porte sur de nouveaux objets. Le théâtre, selon la remarque de M. Rœderer (1), se tait, il a eu toute sa gloire, et quelle gloire ! La chaire a son règne, paisible, majestueux. C'est un nouvel honneur pour la France ; c'est une école pour les mœurs, et lorsque de toutes parts, les esprits préoccupés d'idées graves, troublés ainsi dans la possession de la vie, par une mort soudaine, par la voix de Bourdaloue, par les conversations de Bossuet, ce grand maître de la vie intérieure (2) acceptaient mûrement ces enseignements divers, le roi se déclare sincèrement ; le génie est pour lui ; les grands le suivent, et son exemple, a, dans la cour et dans la ville, de sincères imitateurs. Du sein de cette réforme, sort le moraliste, appuyé et soutenu par l'autorité de

---

(1) *De la Société polie*, chap. XXXVII.
(2) Cardinal de Noailles, *Lett. à la sœur Corn.*

puissants protecteurs, encouragé par la faveur publique, éclairé par le génie de ses illustres amis. Esprit vif, pénétrant, lumineux : il saisit ce moment rapide, où tout change; où les bons deviennent meilleurs; où les tièdes se raniment; où parmi les mauvais, les uns se déclarent, les autres se cachent : où le mérite devient personnel et vrai; où les *courtisans* se font *dévots;* où *les femmes vont au sermon comme elles allaient à la comédie ;* où enfin, la piété sincère ne pouvait à son insu se défendre d'un sentiment secret de plaisir, en voyant démasquer le mensonge et l'hypocrisie.

Un jour, des hommes hardis reprendront et poursuivront plus loin ces remarques, ils les dirigeront contre la société tout entière, et des critiques ingénieux et délicats, trouveront dans le livre des *Caractères,* le germe des *lettres Persanes* ; mais La Bruyère ne se croirait pas du tout solidaire de Montesquieu, il ne reconnaîtrait pas les hardiesses du siècle suivant. Et qu'a-t-il dit sur les *biens de fortune,* sur la *naissance,* sur la *dévotion,* que n'aient dit hautement dans la chaire ses amis et ses maîtres, les génies immortels qui travaillèrent mieux que personne à défendre l'ancienne société, puisqu'ils consacrèrent leur vie entière à la rendre meilleure et plus sage? C'est bien plutôt au contraire contre ces mœurs qui renferment déjà dans leur sein, et qui produiront un jour l'esprit du dix-huitième siècle, qu'il a dirigé les traits principaux de son livre : et entre tous les chapitres le plus vigoureux, c'est celui des *Esprits forts.* Il combat, il réfute le matérialisme, et le matérialisme est dans la société du *Temple*.

Il a dit au commencement du chapitre des *Esprits forts* : L'athéisme n'est pas. Peut-être eût-il été plus juste de dire : L'athéisme n'est plus. Ce n'était plus en effet, comme au temps de Descartes et de Pascal, où des hommes téméraires, des *géants* osaient attaquer l'existence de Dieu; la nouvelle société se passait de Dieu, sans songer un instant à le nier. C'est cette même société, considérable par le rang, composée de personnages éminents, d'un exemple funeste, qui excitait les inquiétudes de Leibnitz, quand ce grand homme, voulant réveiller l'ardeur du vieil Arnaud, lui faisait entrevoir dans le siècle, qui allait naître, une incroyable hardiesse d'opinions, une sorte de *déisme*, de *naturalisme*, de *mahométisme religieux* (1). C'est là que Bossuet porte les plus vigoureux coups, soit que, dans ses sermons, il confonde *l'intempérance d'esprit aussi funeste que l'intempérance des sens*, les railleries sacriléges de ces libertins, qui ne peuvent même pas établir le néant, auquel ils espèrent après cette vie ; soit que, dans le traité de la *Connaissance de Dien et de soi-même*, il marque avec force la différence de l'âme et du corps, de l'esprit et de la matière. Après tant d'illustres combattants, La Bruyère entra aussi dans la carrière, et contre ces esprits *mondains*,

---

(1) *Théodicée de Leibnitz*, par M. Emery.

terrestres et grossiers, il apporta aussi sa preuve de l'existence de Dieu.

Dans le chapitre des *Esprits forts,* tel que nous l'avons aujourd'hui, il y a deux raisonnements, l'un qui a pour objet la démonstration de l'existence de Dieu par le fait seul et le sentiment de la pensée ; l'autre qui est l'argument des causes finales ; il ne l'ajouta qu'à la septième édition en 1692. Que si, avant d'arriver à cette portion de son livre, la seule où quittant son merveilleux art de peindre, il cherche par des raisonnements à établir des vérités qu'il avait préparées depuis le commencement ; si, dis-je, il jette quelques traits encore à ses adversaires ; s'il s'écrie : « je voudrais voir un homme sobre, modéré, » chaste, prononcer qu'il n'y a pas de Dieu »; si, en quelques mots il montre, combien sont injustes et vains les mensonges et les préjugés qui travaillent sans cesse à obscurcir la religion, combien inconséquentes et folles les passions qui la combattent ; il se hâte d'arriver à son véritable objet ; et ce n'est autre chose que le raisonnement célèbre de Descartes, mis sous une autre forme, et transporté, ce semble, sur un autre terrain. Comme Descartes, il prend son point de départ dans la pensée, c'est là la base inattaquable sur laquelle il s'appuie pour s'élever à Dieu, et connaître la nature de l'âme. Car il n'a pas pensé toujours ; il n'a donc pas toujours existé ; et cette existence, il ne se l'est pas donnée à lui-même, il la tient d'un être suprême qu'il appelle Dieu.

Ici, il faut observer la marche opposée que suivent ces

deux esprits (1) si divers, en combattant sur un même sujet avec les mêmes armes des adversaires bien différents. Descartes cherche à démontrer l'existence de Dieu, et tout entier au sentiment de la pensée, il laisse à un autre temps l'existence du monde extérieur. La Bruyère combattant des matérialistes, n'a pas à démontrer l'existence de la matière ; pour eux c'est un fait établi, reconnu, incontestable. Tout au contraire de Descartes, qui descendait de Dieu à la matière, qui ne donnait pour certitude de l'existence des corps que la véracité de Dieu, La Bruyère est obligé de détacher, de dégager Dieu de la matière où la société du *Temple* l'avait en quelque sorte enfoui et comme anéanti. Ainsi, quand il a établi l'existence incontestable de la pensée, admis l'existence de la matière, dont nous connaissons aussi incontestablement les propriétés diverses, il démontre que la source originaire de tout principe, qui pense, ne peut être matière, qu'elle vaut mieux que la matière, qu'elle est tout au moins esprit. De là son argument : *je pense, donc Dieu existe.*

Nous recevons cet avantage, dit Descartes (Principes, 22), *en prouvant, ainsi que nous l'avons fait, l'existence de Dieu, que nous connaissons par ce même moyen ce qu'il est, autant*

---

(1) La Bruyère n'a point caché son goût pour Descartes : il dit des publicains : Iront-ils aussi loin dans la postérité que Descartes, né Français et mort en Suède ? (*Des biens de fortune*, sixième édit.) Dans le chap. *Des jugements* , il invoque un des principes de sa philosophie.

que le permet la faiblesse de notre nature. Ainsi, de ce que nous avons l'idée d'un maître infini, Dieu est, et Dieu est infini; et de ce qu'il est infini, il est éternel, *tout connaissant, tout puissant* (1). La Bruyère, en fidèle disciple, suit la même marche pour déterminer la nature de l'âme et de ses attributs. L'âme, dit-il, est en moi ce qui pense; ce qui pense en moi, je ne me le suis pas donné : il vient donc de Dieu. Mais Dieu, en tant que créateur d'un être qui pense, exclut toute idée de matière; donc, mon être, qui pense, est esprit (2). Ainsi, l'âme est immatérielle, elle est pure, elle est simple, elle est incorruptible.

Vient ensuite l'argument des causes finales, qu'a si richement développé et embelli l'inépuisable imagination de Fénelon, contre les objections les plus subtiles des épicuriens. Aux yeux de La Bruyère, l'argument des causes finales avait un mérite et comme un caractère particulier. Il croyait attaquer ses adversaires au cœur.

---

(1) Quant à l'immortalité La Bruyère s'arrête aussi avec Descartes à des présomptions favorables : « Je ne conçois point qu'une âme que Dieu a voulu remplir de l'idée de son être infini et souverainement parfait doive être anéantie. »   (*Des Esprits forts*)

(2) Le raisonnement que La Bruyère emploie pour arriver à la spiritualité de Dieu, est presque le même que celui que saint Augustin oppose aux manichéens dans le livre des *Mœurs de l'Église catholique*, chap. III. « Le souverain bien de l'homme ne peut pas être de pire condition, que » l'homme lui-même, puisqu'on ne saurait tendre à quelque chose qui » serait pire que soi.... peut-être qu'il sera de même qualité que lui : il » sera tel sans doute, s'il n'y a rien de meilleur dont l'homme puisse » jouir : mais si nous trouvons... »

Ce monde était pour eux un assemblage fortuit de la matière diversement arrangée, la vie un accident indifférent en lui-même, et la mort un retour au néant. Que faire alors dans cette vie? Jouir sans souci et avec passion de la jeunesse, de la fortune, de la naissance. Pour La Bruyère, la beauté, l'ordre, la décoration de l'univers, les effets de la nature si populaires et pourtant si méconnus, le concours régulier de tant de corps divers lui révèle une cause intelligente, dont M. Cousin semble avoir voulu marquer toute la puissance, quand il a écrit :

« L'argument des causes finales, appliqué à la nature, nous manifeste un Dieu, et un Dieu intelligent; appliquez-le à la nature morale de l'homme, il nous révèle un Dieu juste : induction sublime et rigoureuse, qui rattache la justice humaine et la justice divine. »

C'était peu, en effet, de trouver au soleil un maître; à la terre, un bras qui la soutient; à l'univers, une cause sage et puissante; il fallait aussi rendre à la pensée, à l'intelligence, à la liberté de l'homme, souvent troublées par les injustices et les caprices de la société, son ordre, sa beauté, sa dignité; il fallait réparer le désordre impie du bien confondu avec le mal, de l'injustice triomphant de la justice; de l'abaissement, des souffrances de la misère; des joies et de l'orgueil des richesses. C'est ce que La Bruyère a fait; c'est ce qui forme toute la dernière partie de son livre; c'est ce qui y ajoute une grande beauté et

comme une conclusion. *Les extrémités sont vicieuses*, dit-il en terminant, *et partent de l'homme : toute compensation est juste et vient de Dieu.* Arrivé là, il s'arrête; et comme si sa tâche était achevée, il dépose sur le seuil de la religion chrétienne, l'homme, esprit intelligent et libre, sous la main d'un Dieu intelligent et juste. A peine se permet-il de lever avec discrétion, et seulement au nom de la morale, les obstacles qui l'arrêtent, de réfuter les difficultés qui l'embarrassent. Qui donc le portera plus loin? il laisse ce devoir sacré au ministre du Dieu dont il a établi l'existence. Ainsi Pascal, après avoir cherché dans l'étude de la nature des grands à assigner des bornes à leurs emportements, et leur reprochant d'être des *rois de concupiscence*, ajoutait : « Il ne faut pas demeurer là; il faut mépriser la
» concupiscence et son royaume, et aspirer à ce royaume
» de charité, où tous les sujets ne respirent que la charité
» et ne désirent que les biens de la charité. D'autres que
» moi vous en diront le chemin : il me suffit de vous
» avoir détournés de ces vies brutales, où je vois que plu-
» sieurs personnes de qualité se laissent emporter faute
» d'en bien connaître la véritable nature (1). » Ces autres que lui, qu'est-ce autre chose que les prédicateurs? De là, le chapitre *de la Chaire*.

Faut-il s'étonner de voir les esprits les plus graves de cette époque vivement préoccupés de l'état de l'éloquence

---

(1) *Essais de Nicole*, tome II, 239.

chrétienne, à ce moment où ses nobles amis, Bossuet, Fénelon, Bourdaloue, Fleury (1), employaient toute l'ardeur de leur zèle, toute la force de leurs talents à dissiper les préventions des protestants égarés, à affermir la foi encore chancelante des nouveaux convertis, et à rappeler à Dieu les hommes éblouis par les séductions du siècle. C'était pour ceux qui accueillaient avec ardeur les mœurs nouvelles un sujet de douleur de voir le ton mondain et les manières frivoles de quelques prédicateurs, compromettre la pureté même de la morale qu'ils prêchaient.

Celui qui n'avait pas pour louer dignement Bossuet d'autre titre plus grand que celui de Père de l'Église, avait cette haute idée de la chaire chrétienne, qu'elle était la voix même du ciel, et comme la puissance de la religion. Sans la chaire, plus d'enseignement, et alors plus de réforme morale et religieuse pour le siècle, et, ainsi considéré, ce chapitre devient nécessaire dans le livre des *Caractères*.

Trois écrivains, surtout parmi les plus grands de cette époque, ont parlé de la chaire dans des ouvrages bien différents; tous trois ont montré la nature de sa tâche, le

---

(1) Après ces grands écrivains, d'autres ont aussi parlé de la chaire : M. Arnaud, Réflexions sur l'éloquence des prédicateurs. Je pourrais citer une lettre où Duguet développe cette idée : Montrez la vérité et cachez-vous, t. IV, lett. 28. Et une autre de Nicole où il dit : Il n'y a que la vanité et les fausses idées qu'on a de la prédication, qui font que presque tous les prédicateurs prêchent très-mal. *Nouv.*, 'clt. XIII.

caractère ět l'importance de ses devoirs, et se sont trouvés d'un accord unanime sur ses qualités et ses défauts. La chaire, pour Bossuet, est une sorte d'autel, où se publient les ordonnances mêmes de Dieu, autel redoutable et saint presque à l'égal de celui où s'accomplit le plus grand des mystères. De là cette frayeur pieuse de Bossuet qui exclut tout autre sentiment que celui du devoir. Fénelon, dans ses *Dialogues*, fruit de sa jeunesse, et composés sous l'inspiration de la pieuse ardeur qui l'emportait aux missions étrangères, tout en paraissant consulter les règles de l'éloquence païenne et de celle des Pères, et surtout ce *goût de simplicité*, cet amour *pour* le beau *simple qui est le caractère inimitable* de ses *écrits* (1), ne s'en appuie pas moins sur la grandeur du ministère de la parole pour condamner les indignes ornements. La Bruyère, au nom de la morale, pour délivrer l'orateur chrétien, ou, comme il l'appelle mieux, l'apôtre, de la pensée de plaire à son auditoire ou de travailler à sa propre fortune, fait une seule question et demande au prédicateur, s'*il a un autre but que de faire des conversions*. De là, les devoirs qu'il lui impose ; de là, l'oubli de tout sentiment personnel ; de là, le respect grave et sérieux dû à la dignité de son ministère ; de là, cette loi *de tristesse évangélique, qui est l'âme du discours chrétien.*

Peut-être qu'en donnant cette haute idée des devoirs

---

(1) M. Villemain.

imposés à l'orateur chrétien, sans oublier, comme le témoigne son livre, les magnifiques modèles qu'offrait en ce moment l'église de France, il pensait aussi un peu à la tâche modeste qu'il s'était imposée. Il était à sa façon une espèce de prédicateur, et le but comme les règles, qu'il assignait à l'éloquence de la chaire, lui semblait aussi convenir à un livre de morale. Qui ne voudrait le reconnaître? son livre était grave et sérieux : en le composant, en le corrigeant avec tant de soin, il ne cessa de vouloir être utile ; à la vue du *mélange confus de ces maximes qui font la morale des particuliers, de ces capricieuses fantaisies qui emportent au hasard l'âge, la naissance, la fortune, la grandeur, qui excitent et enflamment les passions des hommes et pervertissent leurs volontés* (1), il demeure, comme Nicole, effrayé de leur inconséquence et s'écrie : *Qui ne sait des misères plus profondes que la pauvreté?* et aussitôt, se mettant à l'œuvre, il veut n'*être pas vain sur la terre* (2) : ne fût-il pendant toute sa vie que l'*apôtre d'un seul homme*, il lui suffit. Il n'épargnera ni les douces et insinuantes conversations, ni les raisonnements les mieux suivis, ni l'attrait même de l'esprit et le charme de l'éloquence *pour réduire ou ramener un libertin.* Dans tout son livre éclate et brille ce sentiment du prix d'une âme : être utile et instruire ; plaire, mais seulement pour instruire ; réformer les mœurs, peindre leurs

---

(1) *Essais de Nicole*, t. II, 9.

(2) C'est aussi le but que se propose Théophraste. v. le premier chapitre.

défauts, leurs faiblesses, leur tyrannie ; avec finesse, mais sans malice ; mais pour les réformer : tel est son but unique. Il rendait au public ce que le public lui avait prêté ; et s'il avait travaillé à rendre cette image la plus fidèle et la plus vraie, c'était afin qu'il lui fût impossible de ne pas s'y reconnaître.

Qu'il me soit permis de m'arrêter ici un moment ; je l'ai dit et j'aurai plus d'une fois à le redire : La Bruyère est disciple de Descartes ; et pour qui veut bien y réflé- chir, il a étudié, il reproduit avec plus de fidélité qu'on ne pense le traité *des Passions.* Qu'est-ce en effet pour Descartes que le résultat de la bonne éducation ? c'est d'acquérir la générosité ; et la générosité, c'est la vertu de rendre à soi-même, et à tout ce qui n'est pas nous, ce qui est dû, à Dieu comme aux hommes, aux hommes comme aux choses extérieures. « Ainsi, dit-il, ceux qui
» ont l'esprit bas et faible, sont sujets à pécher par excès,
» quelquefois en révérant et craignant des choses qui ne
» sont dignes que de mépris, et quelquefois en dédai-
» gnant insolemment celles qui méritent le plus d'être
» révérées. »

Or, ce qui nous porte ainsi à nous attacher à des choses trompeuses, ce sont les passions, qui sont nécessaire- ment fort restreintes dans leurs principes, quoiqu'elles soient infinies dans leur application. Descartes a pris la moitié de la question : il s'est renfermé dans l'âme et a décrit ces principes. La Bruyère, moins puissant et moins simple que ce grand génie, a pris pour lui le reste de la tâche : il a cherché à surprendre et à peindre la vanité des passions dans les objets qui éblouissent et trompent les hommes : de la société et de la vie, il est remonté à l'âme. Pour l'un comme pour l'autre, *l'exercice de la vertu est un souverain remède contre les passions.* Mais si le but de Descartes est de montrer que, *pourvu que l'âme ait toujours de quoi être contente dans son intérieur, tous les troubles qui viennent d'ailleurs n'ont aucun pouvoir de lui nuire*, le but de La Bruyère est de montrer en quoi tous les objets qui lui sont extérieurs, indépendants de la raison et de la vérité, sont incertains et capricieux, et partant incapables d'assurer le bonheur (1).

Mais aussi c'était là une grande difficulté ; il ne parle point au nom de Dieu ; il n'est pas descendu dans la nature secrète de l'homme pour en tirer les lois destinées à régir convenablement son existence. Je n'ai pas voulu écrire des maximes, dit-il ; elles sont comme des lois dans la morale, et *j'avoue que je n'ai ni assez d'autorité, ni assez de génie pour faire le législateur.* Abandonné à ses seules forces, ne re-

---

(1) Je me suis arrêté dans ce rapprochement, et cependant je ne puis m'empêcher d'ajouter encore deux mots : de ce que j'ai dit, il résulte pour Descartes une grande simplicité dans son traité *des Passions,* qu'il réduit à six ; pour La Bruyère, une grande variété et une unité difficile à saisir, au milieu de ce tableau capricieux des passions. De là encore une autre différence : ce que Descartes déduit par le raisonnement, La Bruyère le peint par l'imagination. Ainsi tout le chapitre si vif du mérite personnel, se trouve en germe dans les réflexions de Descartes, art. 153, 154, 155.

levant que de sa propre raison, et aux prises avec l'humeur si mobile, si capricieuse de la société, comment donc pourra-t-il donner de la force à ses remarques? Où trouver une assiette pour s'appuyer avec quelque confiance? C'est le secret de son art merveilleux (1).

Déjà en France, avant lui, plusieurs écrivains avaient pris l'homme pour objet de leurs études, et fait de ses passions des tableaux, ou plaisants, ou tristes, ou effrayants. Montaigne avait raconté sincèrement ce qu'il voyait dans les autres, ce qu'il sentait en lui, et ce spectacle *merveilleusement ondoyant* de nos défauts et de nos vices, ne semble fait que pour servir de texte à son humeur maligne. La Bruyère n'est pas de l'école d'un tel maître : il lui empruntera bien quelquefois une image vive, un trait rapide qui rend la pensée sensible, mais rien de plus. Il lui accorde de penser beaucoup, d'avoir des pensées naturelles : il ne le tient cependant pas exempt de toute sorte de blâme. Il n'a pas pris davantage pour modèle le livre *des Pensées*, qui sont, dit-il, dans les

---

(1) Si nous écoutions la raison, si elle avait en nous quelque autorité, avec quelle clarté nous ferait-elle connaître que ce qui est dans la matière n'a qu'une ombre d'être qui se dissipe, et que rien ne subsiste véritablement, effectivement, que ce qui est dégagé de ce principe de mort? Et nous sommes, au contraire, si aveugles et si malheureux, que ce qui est immatériel nous semble une ombre, un fantôme; ce qui n'a point de corps, une illusion; ce qui est invisible, une pure idée, une invention agréable.

Bossuet, *premier Sermon sur la Présentation* prêché devant le roi.

mains de tout le monde. *Pascal, par son engagement* (La Bruyère est donc libre), *fait servir la métaphysique à la religion ; il traite les grands et sérieux motifs pour conduire l'homme à la vertu. Il veut le rendre chrétien :* La Bruyère n'a donc pas la même prétention ; ainsi, il n'a point été détourné du projet d'écrire par la grandeur des *pensées* ; mais il ne veut pas que, faute d'attention et *par esprit de critique, on pense que ses remarques en sont imitées.* Était-ce que l'état des esprits, la frivolité, la légèreté, si longtemps maîtresse des esprits, ne pouvait plus supporter la vigueur impétueuse et l'éloquence pressante de Pascal? N'était-ce pas bien plutôt que les célèbres athées du temps de Pascal étaient bien différents de ceux à qui La Bruyère adressait son livre? N'était-ce pas aussi qu'il se proposait un but moins sublime? Il ne craint pas moins qu'on ne le confonde avec La Rochefoucault. C'était, dit-il de l'auteur des *Maximes,* un esprit délicat, pénétrant, qui savait le monde ; mais il lui reprochait de n'avoir voulu voir dans l'homme que l'amour-propre, et en le représentant sous cette face unique, de l'avoir rendu méprisable, sans grandes chances de le rendre meilleur. Moins sublime que Pascal, moins délicat que La Rochefoucault, il ne tend qu'à rendre l'homme raisonnable. *O justesse!* s'écriait Bossuet, *ô égalité dans les mœurs! ô mesure dans les passions! riches et véritables ornements de la nature raisonnable, quand est-ce que nous apprendrons à vous estimer?* La Bruyère n'avait pas d'autre ambition, que de donner cette leçon au siècle ébloui de lui-même.

Qu'il me soit permis d'insister un peu sur ce point; car c'est ce qui distingue La Bruyère des philosophes à la fois et des théologiens. Il ne hait pas l'homme, il l'aime; il ne le rabaisse pas, il ne l'exalte pas, il cherche à connaître sa faiblesse et sa force, ses passions et sa raison; sa raison, obscurcie, altérée, aveuglée par ses passions, mais capable aussi de les vaincre et de les asservir. Que disait la philosophie? Pascal, dans son magnifique langage et avec sa superbe raison, s'était chargé d'exposer et de confondre, l'une par l'autre, ses réponses incomplètes. Que dit la théologie? Elle nous enseigne, comme le sage docteur des dialogues sur le quiétisme, que l'homme est tombé, soit que Dieu lui ait imputé le péché de son premier père, soit que le venin de la désobéissance *coulant par la voie de la chair*, lui ait laissé une certaine faiblesse qu'on appelle concupiscence. La religion le recueillant au sortir des naufrages de sa raison impuissante lui révélait, au nom du ciel, les mystères impénétrables de sa nature. La Bruyère moins curieux de savoir ce qu'il est, que de lui apprendre à bien vivre, préoccupé de la vie présente, et persuadé que, l'important dans de si grandes questions, c'est la sagesse et le calme des passions, cherche dans l'homme même sa règle; si déchu, si perdu qu'il soit dans ce recoin de l'univers, il n'a pu cependant détruire entièrement les premiers priviléges de sa nature; sa raison si affaiblie, si corrompue qu'elle soit, n'est cependant pas absolument anéantie, et il lui a semblé qu'en rappelant autant que possible l'homme à cette partie de lui-même, où les philosophes voient sa grandeur, les chrétiens sa nature primitive, qu'en condamnant aux yeux des uns sa faiblesse, aux yeux des autres ses passions, il pourrait en tirer un utile enseignement.

Et je me figure que Bossuet, et avec lui tous les esprits sérieux, n'attachaient pas un moins grand prix au succès de son livre, qu'ils n'en aimaient l'auteur. La Bruyère n'avait aucun engagement ; il ne s'appuyait pas, comme les prédicateurs, sur la religion, pour établir ses prescriptions trop souvent contestées. C'était du sein de la société qu'il sortait pour lui donner de sévères avis : c'est un homme qui a vu, qui a étudié, qui a partagé les passions de la société, et qui, moins ébloui que les autres, raconte et peint ce qu'il voit. Son livre, c'est l'image vraie de l'homme surpris en quelque sorte sur le fait et à son insu, avec ses espérances et ses contradictions ; là, pas d'autre maître que l'homme ; c'est l'homme aux prises avec l'homme, c'est l'homme qui se corrige.

Mais comment parvenir à donner par l'analyse une idée d'un écrivain de tant d'art ? Comment faire sentir la force et la valeur de ses pensées, qui en empruntent d'ordinaire tant du jour où elles sont mises et de la forme qu'il leur a donnée ? Dans un auteur qui a dit : *tout l'esprit consiste à bien définir et à bien peindre*, et qui a suivi cette règle avec la plus grande fidélité, chaque mot a sa place marquée ; c'est comme une partie et comme un trait de la pensée ; changer l'un, c'est changer l'autre. Il faut cependant gâter cette forme si vive, si ingénieuse, parfois si élevée, et toujours parfaite; car, en dépit de la multitude et de la beauté de tant de tableaux, il y a un fond que cachent et dissimulent l'art et le talent sous une variété insaisissable. Ce n'est qu'en le considérant dans ce fond unique, dans la conception la plus vraie, qu'on est étonné de la simplicité féconde d'un pareil ouvrage. Pour n'avoir pas voulu descendre dans cette pensée secrète, Boileau a reproché au livre des *Caractères* de manquer de transitions, ne songeant pas que ces apparents caprices de composition étaient une variété de plus dans un livre, où l'agitation inquiète de la vie était une leçon de morale; et Vauvenargues a écrit de La Bruyère, qu'il était un grand peintre, et non un grand philosophe, laissant à La Rochefoucault le titre de philosophe et lui refusant celui de peintre.

Pour La Bruyère, ces deux mérites se confondent et se prêtent un mutuel appui. Il ne redresse les mœurs, il ne corrige l'homme, il ne le rend raisonnable, et c'est là, ce nous semble, la seule manière d'être philosophe, qu'à la condition de peindre au vif ses passions. Sa force est là, il n'en a pas d'autre. Il le peint donc avec vérité, avec franchise; sans haine, ni flatterie; il le peint comme il l'a vu, comme nous le voyons, comme on le verra à jamais, non dans ce qu'il a de passager et d'accidentel, mais dans ce qu'il a d'indestructible; et je dirai presque d'incorrigible. Car, quand il parle des passions, il a bien soin de distinguer celles qui sont générales, universelles, et les autres aussi variées, aussi nombreuses que les hommes; ces dernières, il les laisse aux *âmes faibles, molles et indifférentes; défauts*, *ridicules uniques*, qui, par leur singularité, tiennent moins de l'humanité que de la personne, ne tirent pas à conséquence et ne sont d'aucune ressource pour l'instruction et la morale. Les passions qu'il peint sont graves, sérieuses, durables, universelles. Mais quoi, dira-t-on, c'est dans la variété inépuisable des passions qui travaillent l'homme, c'est dans ce capricieux et mobile tableau, où tout tremble, où ni la grandeur n'est durable et pure, ni l'esprit n'est libre, ni le mérite n'est solide, ni la vie n'est sage; c'est là qu'en dépit de tant d'incertitudes et de mensonges, il trouvera pour appuyer ses avis un fondement assuré? Oui, c'est là même. Et plus le tableau sera capricieux et changeant (c'est du livre de La Bruyère que je parle, et non de la vie de l'homme), plus la vanité, la fortune, la grandeur pousseront à bout leurs prétentions ; plus la ville sera orgueilleuse, la cour ambitieuse et intéressée, la mode impérieuse et arbitraire, plus l'action du temps, le hasard des circonstances, la mobilité des opinions éclateront dans la folie de nos désirs et dans le mensonge de leurs objets, et plus la leçon sera forte. C'est que l'homme, en s'égarant dans mille voies trompeuses, et en se perdant en mille désirs frivoles et périssables, demande cependant à tout ce qui le séduit et l'enchante un caractère de vérité, de durée et d'indépendance. C'est que dans les passions mêmes, témoignages éclatants de sa faiblesse et de sa misère, se révèlent avec éclat le sentiment indestructible, le besoin insatiable de quelque chose d'infini, si je puis ainsi parler ;

c'est que, pressé de tous côtés par les liens du corps qui l'enchaînent, enfoncé et comme perdu dans le monde qui l'occupe tout entier, il échappe cependant de tous côtés aussi, et même par les preuves les plus éclatantes de ce honteux asservissement, il échappe, dis-je, et désire, et souhaite, et prétend saisir quelque chose qui lui appartienne, que ni le temps, ni les hommes ne soient capables de lui enlever. *Les passions*, dit La Bruyère, *sont menteuses. Il n'y a point de vice qui n'ait une secrète ressemblance avec quelque vertu et qui ne s'en aide* (1).

Ainsi, examinant, soit dans les penchants de notre cœur, et dans les imaginations de notre esprit, soit dans l'action de la société, l'emportement, l'oubli de soi-même et des autres, la dureté, la cruauté même, suites fatales et désastreuses des richesses et de la grandeur, la vanité et l'ambition qui peuplent, l'une les villes, l'autre les cours de victimes, et ces jugements insensés que l'on puise dès sa naissance, que l'on adopte pour maîtres absolus, d'après lesquels on pense, on vit, on meurt, et ces tyranniques usages dont l'empire capricieux et injuste n'a jamais été contesté, il accuse et le monde et l'homme de se mentir l'un à l'autre, de se mentir chacun à soi-même. N'est-ce pas déjà là une leçon que ce mécompte si éclatant entre nos orgueilleuses prétentions, et les misérables résultats de nos efforts ?

---

(1) Les vices, dit Bossuet, ont toujours un air d'infinité.

Mais c'est peu d'ouvrir à l'homme, les yeux sur tout ce qui change autour de lui, c'est peu de le détacher de tout ce qui le quitterait bientôt : n'y a-t-il donc rien qui existe pour lui d'une existence propre et indépendante, et Pascal avait-il raison de faire ce triste tableau où *tout branle, où tout craque et fuit d'une fuite éternelle ?* Pour La Bruyère, qui a su comme ses maîtres reconnaître au milieu de toutes les idées bornées et capricieuses de l'homme l'idée de l'infini, et établir Dieu sur cette base inébranlable, il y a aussi dans la morale un fond vrai et ferme : c'est la vérité, c'est la vertu, c'est la raison même humaines, mais rendues à toute leur pureté ; pour lui, *elles sont invariables, et toujours égales : elles se suffisent à elles-mêmes ; elles vont au delà des temps et ne se démentent jamais.* Dans tout son ouvrage, dans la conclusion de chacun de ses chapitres, on voit que c'est, à ses yeux, le but le seul légitime, le seul noble que l'homme puisse se proposer d'atteindre : et c'est à cette inaltérable indépendance qu'il sacrifie toutes les vaines et folles prétentions des passions (1).

Ainsi, un grand et beau génie, qui dans les derniers temps de l'antiquité consacra toutes ses forces à établir

----

(1) C'est dans ce sens qu'il termine la plus grande partie de ses chapitres, comme le IIe, le XIe, le XIIIe et le XVIe. Il a même changé avec le temps la conclusion du chapitre *du Mérite personnel* pour le faire rentrer dans l'ensemble de son livre, tel que nous l'avons aujourd'hui. C'est ainsi, pour être fidèle à ce plan, qu'il a tracé à la fin du chapitre de *la Ville*, ce beau tableau de la vie simple, libre et noble des hommes du XVIe siècle.

et à défendre la certitude de la loi, telle que le christianisme l'avait faite, et à montrer la faiblesse capricieuse de la sagesse humaine ; saint Augustin, dans le *Traité des Mœurs de l'Église chrétienne*, en même temps qu'il proposait à l'homme, comme but unique de ses affections, le seul être vrai, invariable, éternel, c'est-à-dire Dieu, écrivait cette belle phrase, qui semble avoir inspiré tout le livre *des Caractères* : cherchons donc ce que c'est que vivre bien, c'est-à-dire tendre à la béatitude, en vivant bien. Nous trouverons que ce ne peut être autre chose qu'aimer la vertu, aimer la sagesse, aimer la vérité ; et aimer de tout son cœur, de toute son âme et de tout son esprit, la vertu qui est inviolable et invincible, la sagesse qui n'est jamais suivie d'imprudence et la vérité qui ne peut changer. A l'exemple de saint Augustin, La Bruyère parle de cet asile où la vérité a fait son siége, asile inviolable pour elle-même et pour ceux qui savent y pénétrer, qui donne de la dignité à leurs paroles, de la gravité à leur vie.

Le but de son livre ainsi considéré, on comprend bien pourquoi il a adopté la forme et le style qu'il a pris. Toute sa force, en effet, dépend du relief qu'il donnera à chacun des traits de son livre. Comme il n'a guère d'autre droit, ni d'autre raison de les condamner, que de les convaincre de mensonge, et que pour les convaincre, il n'a qu'à montrer l'évidence même du mensonge, il faut peindre. Un écrivain ordinaire aurait divisé son sujet, établi et démontré chaque proposition ; ensuite, de déductions en déductions, il les aurait appliquées comme autant de conclusions nécessaires à chacun de ses différents chapitres. Il n'a point fait ainsi; il les a rendues plus vives par des portraits, mises au grand jour par des contrastes; en un mot, il a été vrai, agréable et utile.

Cette image fidèle, où venait se réfléchir avec vivacité chacun des traits de son temps, cette espèce de confession publique allait bien à une époque où chacun des beaux esprits avait fait son portrait, et analysé avec complaisance les plus légères imperfections de son visage et les faiblesses de son cœur (1). Là, plus de liberté; La Bruyère lui-même ne parlait ni de lui-même, ni de son lecteur. Il parlait de Phédon et de Giton.

Je conçois bien qu'il se soit indigné des insolentes clefs. C'en était fait de son livre, s'il devenait une satire; la satire irrite et blesse, mais ne réforme pas. Au contraire, pour les esprits désabusés des enchantements de la vie, frappés tout à coup, et comme effrayés du sentiment du vide qu'ils éprouvaient, les *Caractères* devaient avoir, à l'aide de la vérité seule et du style, une force

______

(1) Fléchier n'a peut-être rien écrit de plus ingénieux que son propre portrait, et Fléchier nous a laissé des *réflexions sur les* différents caractères des hommes en XXII chapitres. Quelques-uns des titres rappellent ceux du livre de La Bruyère. D'Olivet (Hist. de l'Académie, t. II. p. 341) dit en parlant de l'influence que Bourdaloue exerça sur l'éloquence de la chaire: *on ne vit que portraits, que caractères dans les sermons.*

secrète : il ôtait en quelque sorte de dessus les yeux un ban-
deau qui aveuglait ; il faisait condamner , sans condamner
lui-même, une pénible servitude. On devait le lire , on le
lisait avec ardeur et passion , et quand il remarque que,
depuis trente années, *personne ne lit plus que pour lire* , ce
n'est pas pour lui qu'il parle. Tel était, en effet, l'art infini de son livre , telle était la vivacité de son esprit et de
son style, tel était l'attrait irrésistible de la vérité, qu'il
n'éprouva jamais un pareil sort de son temps.

Quand la malignité du public cessa de voir dans ce
livre des portraits de personnages vivants, l'auteur baissa
peut-être dans l'esprit de ces hommes , curieux d'y re-
trouver une satire personnelle , mais il fut toujours l'auteur des esprits délicats; d'Olivet reconnaît qu'il est plein de
tours admirables et d'expressions heureuses qui n'étaient
pas dans notre langue auparavant (1); il ajoute bien
qu'il ne faut pas le lire sans défiance , que pour vouloir
être trop énergique, il sort quelquefois du naturel; mais
dans le jugement qu'il porte sur La Bruyère , d'Olivet
semble surtout préoccupé des défauts de ses imitateurs,
et Voltaire, si sévère juge en matière de goût, comme pour
affaiblir un peu ces critiques , Voltaire fait de La Bruyère
ce remarquable éloge (2) : « On peut compter parmi les
» productions d'un genre unique les *Caractères* de La
» Bruyère. Un style rigide, concis, nerveux, des expres-

---

(1) *Hist. de l'Académie*, t. II, p. 336.
(2) *Siècle de Louis XIV*, c. 32, beaux-arts.

» sions pittoresques, un usage tout nouveau de la langue,
» mais qui n'en blesse pas les règles, frappèrent le pu-
» blic. » Et Vauvenargues, si grand admirateur des bons
écrivains, a dit : « L'éloquence de La Bruyère, ses tours
» singuliers et hardis, et son caractère toujours original,
» ne sont pas des choses qu'on puisse imiter (1). »
Toutefois ce besoin de peindre, de rendre sensibles toutes
les délicatesses de la pensée, cette nécessité d'avoir toujours le trait, comme disait Fénelon, ont pu amener dans
son style quelques défauts : *quelque chose d'un peu tourné et
de trop travaillé ;* un peu de recherche et d'affectation (2).

Que s'il faut justifier, en les appliquant, quelques-unes
de ces idées, je choisirai un chapitre, le plus court de
tous, celui dont l'objet est le plus vain et le plus tyran-
nique, celui où brille du plus vif éclat ce style dont
chaque trait, en quelque sorte, est un jugement : c'est
le chapitre *de la Mode.* La mode est une espèce de tyran
qui étend son action sur tout l'homme, sur son goût, sur
son vivre, sur sa santé, sur sa conscience.

Empire de la mode : absolu, universel, inévitable ;

---

(1) Vauvenargues, *Caractères* ; préface ; voir aussi : *Caractères orateurs* ; l'article de La Bruyère.

(2) *Pour la manière d'écrire toute nouvelle* que Ménage admira
beaucoup dans La Bruyère, il faut voir les remarques pleines de goût que
d'Olivet a faites, *Hist. de l'Académie*, et que M. Sainte Beuve a développées
dans son bel article sur La Bruyère, 1836-1842; ainsi que des critiques sévères et justes de Condillac. Il est curieux de rapprocher de ces jugements
ce que l'auteur dit, soit de quelques figures, soit de la langue de son temps.

assujettissant le goût, le vivre, la santé, et la conscience.

Tableau de cet empire : ses excès, sa tyrannie insupportable, ses aveugles caprices.

Vanité et misère de la mode, démontrées par la vanité et la misère même de son objet : par la vanité et la misère de ses résultats.

La conclusion, c'est qu'au nombre de toutes les choses qui changent, la plus changeante, c'est la mode ; que partout où elle entre, il y a caprice ; *qu'une seule chose, fort peu à la mode, va au delà des temps : c'est la vertu.* Dans tous les autres chapitres, c'est la même marche qu'il suit, et rien de plus simple au fond que la composition de son livre ; car ce qui se dit d'un chapitre, se peut dire de tout l'ouvrage. C'est, pour ainsi dire, et pour employer une de ses expressions, la même *économie.* Dans le chapitre *des Ouvrages de l'esprit*, il a condamné l'humeur de l'écrivain, et l'admiration des lecteurs par les *caprices* de la vogue et les révolutions du goût ; il a proposé comme but, aux uns, d'écrire raisonnablement, aux autres, d'approuver. Dans le chapitre *du Cœur*, il met l'amitié bien au-dessus de l'amour, parce que le temps, la raison, la pratique, consacrent l'une et effacent l'autre. En un mot, soit dans l'homme, soit dans la société, il a sacrifié tout ce qui sentait l'excès ou le caprice, tout ce qui changeait avec le temps, avec les passions, à quelque chose de réel et de vrai. De même, dans tout l'ouvrage, la société et l'homme convaincus de caprices et de mensonge, soit dans leur action réciproque, soit chacun dans ses propres passions, dans ses mœurs particulières, s'effacent dans le chapitre *des Esprits forts*, devant la grandeur toute-puissante, devant la force infaillible de Dieu, comme devant leur fin dernière (1).

Je remarquais, en commençant, combien La Bruyère était venu à la cour dans un heureux moment, pour être moraliste comme il l'a été. N'est-il pas permis maintenant de remarquer la véritable place que son livre occupe entre deux siècles si différents : le XVIIe, ébloui et enchanté quelque temps de lui-même, mais réfléchi et grave cependant, jusque dans ses jours d'enivrement, qui, avec les flatteries complaisantes de ses poëtes, entendit sans cesse retentir à ses oreilles les voix pleines d'autorité de ses orateurs chrétiens, qui, en dépit des fêtes et des joies du monde, ne ferma jamais obstinément les yeux aux exemples de retraite et de gravité sérieuse, que lui donnaient les hommes le plus admirés ; le XVIIIe, où la littérature tout entière devient esclave et flatteuse, où les caractères les plus graves, semblables à ces mauvais échansons dont parle le philosophe grec, versent à flots purs les louanges;

---

(1) Ainsi, c'est là, en quelque sorte, le fil d'or qui unit entre eux tous les chapitres; non, quoi qu'il en ait dit, je ne puis le croire, il ne les a pas écrits au hasard, et selon que chacune des remarques se présentait à son esprit ; non, il y a un ordre secret et régulier, malgré l'apparente bizarrerie de ses titres, et la beauté de tout l'ouvrage est la même que celle de chacune de ses parties. L'unité, c'est la société agissant sur l'homme ; c'est l'homme modifié, changé par la société. La variété, c'est l'image de ces divers contrastes, de ces deux actions de la nature de l'homme et de la vie du monde.

où tout ce qui pense, où tout ce qui écrit se fait un honneur de servir ses passions avec une aveugle lâcheté (1)?

La Bruyère voyait déjà *l'usage régnant jusque dans les moindres choses.* Il voyait l'esprit chercher à l'aventure les succès de la vogue, *le cœur* perdu dans ce honteux esclavage, le vrai mérite confondu avec des dehors spécieux, l'homme tout entier esclave de la mode, de la vanité, de l'intérêt, asservi à je ne sais quels jugements irréfléchis, à je ne sais quelles coutumes arbitraires, et il lui conseillait, comme aurait fait Bossuet, son maître, volontiers il lui aurait commandé, quoique avec moins de force et d'autorité, de sortir du temps (2).

Suivre et surprendre en quelque sorte dans l'homme les penchants, et comme les instincts secrets qui le rendent si docile et si ouvert aux influences de la société; dans la société, les opinions régnantes, la puissance accordée aux

---

(1) Un passage de Vauvenargues nous semble très-bien montrer le rôle de La Bruyère sur la limite de ces deux siècles si différents. « Lorsque tout est un peu frivole... un homme qui hasarde des peintures un peu hardies doit passer pour un visionnaire, ses tableaux manquent de vraisemblance, parce qu'on n'en trouve pas les modèles dans le monde. Car l'imagination des hommes se renferme dans le présent, et ne trouve de vérité que dans les images qui lui représentent ses expériences... c'est ce que La Bruyère a senti à merveille : il ne manquait pas de génie pour faire de grands caractères; mais il ne l'a jamais osé. Ses portraits paraissent petits quand on les compare à ceux du Télémaque et des oraisons de Bossuet. »

(2) « Dites-nous, célèbre Arouet, combien vous avez sacrifié de beautés mâles et fortes à notre délicatesse, et combien l'esprit de la galanterie, si fertile en petites choses, vous en a coûté de grandes. »
J.-J. Rousseau, *Discours adressé à l'Académie de Dijon.* 1750.

richesses, à la naissance, les attraits et les vices attachés
à telle ou telle condition, pour le rappeler, pour le rattacher à une règle immuable, à un principe éternel, c'est là
l'objet de La Bruyère. Ainsi, dans ce livre, la société est
une espèce d'être collectif, qui a son existence, ses mœurs,
ses degrés et ses conditions, comme l'homme a ses différents âges, et ses mille passions. Elle a ses excès tout aussi
aveugles, son entraînement tout aussi précipité; elle a ses
jugements qui ont force de lois; elle a ses usages absolus,
tout-puissants, que les plus habiles suivent, auxquels les
sages mêmes se conforment. Elle a ses exemples éclatants,
consacrés par l'admiration et le succès, faits pour éblouir
et pour intimider jusque dans les questions les plus im-
portantes, dans les devoirs de la religion, et dans les bras
mêmes de la mort. Il fallait mettre aux prises l'homme et
la société, les confondre l'un par l'autre, faire la part de
bien et de mal que chacun d'eux apporte dans ce commerce
pour les détacher l'un de l'autre.

On est plus sociable, dit-il à la fin du IVe chapitre, on
est plus sociable et d'un meilleur commerce par le cœur
que par l'esprit : ainsi ce sont là les deux liens qui enga-
gent l'homme dans la société, et ce sera par là aussi qu'il
ouvrira et terminera la première partie de son livre ; que
s'il trouve moyen de placer entre ces deux chapitres ceux
du Mérite personnel, et *des Femmes* (1), c'est qu'en étudiant

---

(1) Au sujet de ce chapitre *des Femmes*, on peut remarquer qu'ici

dans le premier tous les moyens que l'homme a su inventer pour s'attacher le crédit, les honneurs, et la puissance, il sait aussi marquer d'une manière ferme, ce qu'il a en propre pour être grand et généreux ; c'est qu'en étudiant dans le second les relations les plus frivoles et les attaches les plus légères de la société, il en faisait une digne introduction au chapitre *du Cœur*, où il montre les plus nobles vertus jaillissant de ce fond inépuisable. Ainsi des seize chapitres, les quatre premiers sont surtout consacrés à l'étude de ce qui attache l'homme à ses semblables, de ce qui lui fait un besoin de la société.

Mais en dépit de ce besoin universel et absolu, le monde (1) est partagé en bien des divisions arbitraires et capricieuses : ici, un peu plus, un peu moins d'argent, élève ou abaisse, donne un peu plus, un peu moins de liberté, et rend tout facile à la fortune, tout pénible à la

---

La Bruyère appartient à son siècle : les femmes ont pris une grande part à la gloire et à l'éclat du XVIIe siècle. On voit Fénelon écrire : *De l'Éducation des filles*, Boileau une satire contre les femmes, et un des nombreux imitateurs de La Bruyère un ouvrage intitulé : *Les différents Caractères des femmes de ce siècle.*

(1) Le cinquième chapitre de La Bruyère a pour titre : *De la Société et de la Conversation.* Il semble que ce soit le développement de cette pensée de Nicole : Il n'y a personne qui ne doive reconnaître que les discours des méchants ont emporté sa raison, qu'ils ont corrompu son esprit, et l'ont rempli de faux principes et de fausses idées, et même que ces faussetés qui naissent des discours des hommes y sont si fortement gravées, que personne n'en est fortement guéri dans ce monde.

Nicole, *Ess.*, t. II, *Dangers des entretiens des hommes*, 1re p., c. I.

pauvreté. La ville, toujours et partout vaine et frivole, a ses coteries; elle a la grande et la petite robe, elle a, je dirai presque autant d'espèces de mœurs que de quartiers. La cour, vaine aussi, mais d'une vanité intéressée et ambitieuse, est comme un autre pays; elle a ses heureux et ses malheureux, tous esclaves de dures exigences. La naissance, la royauté, toujours prévenues par le respect, toujours sûres de l'obéissance, ne trouvent-elles pas aussi dans leur élévation et leur autorité d'infaillibles écueils? En un mot, toutes ces distinctions établies, reconnues, consacrées, toutes ces classes grandes et petites, quoique emportées sans cesse en mille excès divers, n'est-ce pas le devoir du philosophe de les rappeler sous l'empire d'une même loi morale?

Que si nous observons le chemin qu'il a déjà fait, nous verrons qu'à la fin de ce dixième chapitre, il a étudié, d'un côté, l'homme dans les liens qui l'attachent à la société, de l'autre, la société dans les diverses conditions qu'elle lui fait. Reste à étudier, et l'homme en lui-même, et la société : l'homme, dans les penchants généraux de sa nature, développés par des causes naturelles, comme l'âge et les passions de son âme; la société, dans ce qui fait d'elle un être, ce qui lui donne une force et de la puissance, c'est-à-dire les jugements (1), la mode, les usages.

---

(1) Nos chutes viennent ordinairement de nos faux jugements : nos faux jugements de nos fausses impressions, et ces fausses impressions du commerce que nous avons les uns avec les autres par le langage.

Nicole, t II.

Arrivés au chapitre *de l'Homme*, nous tenons, pour ainsi dire, le nœud, nous sommes au centre de tout son ouvrage; nous comprenons pourquoi, dans un livre de morale, il y a un chapitre intitulé *des Femmes*, et un autre intitulé *de l'Homme*, comme s'il n'y avait pas pour les uns et pour les autres une même loi immuable dans son principe, invariable dans ses prescriptions; c'est que, dans le dernier, laissant de côté les défauts ou les qualités d'exception qui ont fourni le chapitre *des Femmes*, il traite les défauts généraux qui tiennent de l'humanité, témoin Irène, qui, quoique femme, a son article dans le chapitre *de l'Homme*. Nous comprenons aussi pourquoi ce chapitre a été rejeté si loin, dans un livre où tous les autres ont été composés pour lui.

C'est que, après avoir condamné l'homme dans ce qui le rend capable de société et dans les relations de la société, l'écrivain, resserrant davantage l'objet de ses observations, et entrant plus avant dans son sujet, devait alors, et alors seulement, traiter de l'homme et de ses passions, et ensuite de la société et de sa nature.

Ici, il change presque de ton : jusqu'à présent, il semblait que, content de peindre, il n'avait qu'à tracer le tableau de nos contradictions; sans humeur contre la cour, sans colère contre les grands, sans dédain contre la ville, et plein de respect pour le souverain, il montrait aux uns et aux autres les écueils de leur fortune. Ici, il parle avec plus de force, soit que dans le chapitre *des*

Jugements, il rappelle la raison vive et l'esprit pénétrant des auteurs de la Logique , soit qu'il attaque l'empire injuste de la société sur notre liberté, les préjugés qu'elle nous impose, les coutumes auxquelles elle nous asservit: il réclame avec vivacité pour l'homme l'indépendance et la dignité. Qui a mieux senti toute la noblesse de l'âme, quand elle ne relève que d'elle-même et de ses devoirs, toute la beauté de la vie, quand elle suit une route ferme et invariable? Qui a mieux senti le prix du temps et de ces jours qui échappent et ne reviennent plus? La liberté, dit-il, n'est pas oisiveté, c'est le choix du travail et de l'exercice: être libre, c'est être seul arbitre de ce qu'on fait, ou de ce qu'on ne fait pas ; quel bien en ce sens que la liberté (1)!

Mais vivre en paix avec soi-même, posséder son âme loin des charmes du monde, rendre à la société, à chacun de ses membres, avec une justice parfaite, la part de respect ou d'attachement qu'il a le droit de réclamer et d'attendre , est-ce là tout l'homme? Tant de passions, tant d'ardeurs, tant d'espérances, ne lui ont-elles été données que pour exercer sa patience, pour apprendre à se restreindre, à se priver, à lutter sans raison, à combattre sans récompense? Il aurait des devoirs envers lui-même, il en aurait envers ses semblables, et il laisserait *celui qui les a créés, lui et ses semblables*, qui a rempli *son esprit de l'idée de son être infini et parfait*, dans un indigne et inju-

---

(1) *Des Jugements.*

rieux abandon? Non. Et il s'empresse de rattacher l'homme à Dieu. C'est là le chapitre *des Esprits forts* et celui *de la Chaire*, c'est-à-dire, Dieu vengé contre les railleries impies et les raisonnements sacriléges des libertins, et sa cause dégagée des préoccupations du monde, et remise en des mains pures et dignes. Ce dernier chapitre était nécessaire à son plan ; et c'était avec vérité et raison qu'il disait, pour se défendre contre ses ennemis : N'ont-ils pas *observé* (1) *que de seize chapitres, il y en a quinze qui s'attachent à découvrir le faux et le ridicule qui se rencontrent dans les objets des passions et des attachements humains, ne tendent qu'à ruiner tous les obstacles qui affaiblissent d'abord et qui éteignent ensuite dans tous les hommes la connaissance de Dieu; qu'ainsi*, ils ne sont que des préparations au seizième et dernier chapitre, où *l'athéisme est attaqué et peut-être confondu, où les preuves de Dieu, une partie du moins de celles que les faibles hommes sont capables de recevoir dans leur esprit, sont apportées, où la providence de Dieu est défendue contre l'insulte et les plaintes des libertins.*

Que si, en parcourant la longue suite de nos travers et de nos vices, il a quelquefois donné à ses tableaux un air de vivacité ou de colère, s'il a ôté avec complaisance le masque à la dévotion hypocrite, s'il a poussé à bout les emportements aveugles de la richesse, l'orgueil hautain et dur de la grandeur, il ne faut pas pour cela l'accuser

---

(1) Préface du *Discours à l'Académie.*

de malignité, ni soupçonner la bonté de son cœur. Pouvait-il combattre tous les défauts de son temps sans lui en faire connaître toute la profondeur et l'énormité? Pouvait-il rappeler l'homme à la raison, à la vérité, sans montrer en combien de manières folles ou criminelles il s'en éloignait! Les Pères de l'Église, qu'il admire si sincèrement, sont-ils donc coupables pour avoir convaincu de sottise et d'impiété les fêtes du paganisme? Et Bossuet avait-il tort de dire contre les dévots, au milieu de la cour, que trop souvent l'homme cherchait à rendre Dieu et les saints, *les ministres et les partisans de ses intérêts*, et *quelquefois les complices de ses crimes* (1)? Était-ce humeur chagrine ou philosophique? Était-ce attaque contre autre chose que la fausse dévotion? Ainsi, La Bruyère, esprit hardi, mais toujours contenu par la règle qui faisait la force de Bossuet, n'attaque dans le vice que le vice même, il veut le détruire en le dénonçant; il respecte la société, il veut corriger ses défauts; les insolentes clefs le désespèrent : je le crois bien, il est chrétien. Depuis, on a attaqué, à propos de nos vices, la ville, la cour, la richesse dans le magistrat, le prince et le financier; on a aimé les clefs, si insolentes qu'elles fussent : on a attaqué la société bien plutôt que ses défauts. Pour lui, il a parlé avec une noble liberté; il a dit, il est vrai, dans son pre-

---

(1) *Traité des Passions*, art. 190. De la satisfaction de soi-même. On retrouve la même liberté, la même hardiesse de parole pour confondre ceux qui croient être dévots, parce qu'ils récitent force prières, qu'ils portent des cheveux courts, qu'ils jeûnent, etc.....

mier chapitre : *un auteur né chrétien et Français, se trouve contraint dans la satire.* Mais je ne puis voir ici, je l'avoue, un regret, ni un désir un peu séditieux de liberté contre les règles qu'imposent la religion et l'État. Il sentait comme Boileau et d'après lui, que si la muse latine souffrait l'effronterie, la pudeur convenait à la satire en France, que le lecteur y voulait être respecté. Il avait admiré l'*exquis* et même l'*excellent* de Rabelais, il avait aussi senti toute la grossièreté et la bassesse qui font des ouvrages de cet écrivain un monstrueux assemblage ; et c'est ainsi qu'il a conçu cette pensée.

Ma tâche ne serait pas finie, ce me semble, et je ne pourrais me croire quitte avec un écrivain si ingénieux, un ouvrage si achevé, si je ne cherchais à suivre et à marquer comment se composa ce livre, quelle fut sa forme première, ce que le temps y ajouta successivement. Une chose d'abord me frappe, c'est l'honnêteté, c'est le respect de l'auteur pour le public : dans les huit éditions qu'il a données lui-même de son livre, il n'y a jamais eu une ligne, une seule à retrancher, pas un mot à changer, pas une expression à éclaircir ou à effacer ; c'est qu'il ne laissait rien échapper de sa plume qui ne fût pur et presque parfait ; c'est que pour ses ouvrages comme pour sa vie, il a toujours eu devant les yeux, le sentiment profond de ce qu'il se devait à lui-même, de ce qu'il devait aux hommes, qu'il voulait corriger.

Ainsi, un des chapitres dont la forme a le plus changé,

c'est le premier. Dans les deux éditions de 1688, il n'é-
tait composé que de vingt trois articles, et des plus courts.
Aujourd'hui, comme en 1694, il y en a près de cent (93).
Est-ce toujours le même fond? oui, pour qui sait l'y voir.
Mais ce même fond s'est agrandi, s'est enrichi; les habiles et les délicats regretteront la concision première;
les simples et les modérés le remercieront d'avoir même
aux dépens de la simplicité découvert tous ces trésors de
pensées, qu'il avait entassés avec un peu de mystère (1); et
si comme il l'a dit : *le choix des pensées est invention*, qui
doutera que toutes ces additions successives n'aient donné
à son livre plus de force, d'étendue et de portée? Comme
un orateur qui lit dans les regards de ses auditeurs, si sa
pensée a été comprise, il corrigea ou plutôt il augmenta
son livre avec les conseils du public. Ici il *affecte une
finesse de tours*, ou *une grande délicatesse d'expression*,
ce n'est que par le besoin de donner un tour vif à une
pensée commune : là, il *hasarde de certaines expressions*,
il use de termes transposés et qui peignent vivement; non
content de mettre de l'*ordre* et de la *netteté* dans le discours,
il y met de l'esprit; c'est afin de relever par l'imagination
et par l'art les vérités d'observation les plus simples : du
reste, fidèle à la pensée qu'il a développée dans le cha-

-----

(1) Il me semble qu'on dit les choses encore plus finement qu'on ne
peut les écrire, dit-il : chapitre *de la Conversation*. Peut-être y a-t-il
dans cette pensée un moyen de concilier ce que disent de lui Saint-Simon
et Boileau. Ce dernier parlait du livre, Saint-Simon de la conversation
de l'auteur.

pitre *de la Chaire* : *sua quærere student* (1); fidèle à cette même pensée du chapitre *des Jugements* : *ne penser qu'à soi et au présent, source d'erreurs en politique*, il n'a point d'autre maxime en littérature : *celui qui n'a égard en écrivant qu'au goût de son siècle, songe plus à sa personne qu'à ses écrits.* Aussi condamne-t-il ces hommes qui écrivent avec humeur ; aussi défend-il à l'écrivain de se proposer d'autre objet, au critique d'accorder d'autre suffrage, que l'approbation ; aussi bannit-il de sa littérature, comme Descartes de sa morale, l'admiration, *cette subite surprise de l'âme qui fait qu'elle se porte à considérer avec attention les objets qui lui semblent rares et extraordinaires* (2). C'était donc bien au-dessus des préoccupations du succès, loin des caprices de la vogue, qu'il composa son livre, plein de cette seule pensée, tout entier à ce seul but, qu'un auteur sérieux puisse avouer, le besoin d'être vrai, le désir d'être utile.

C'était là, dès le premier jour, son opinion ; jamais depuis il ne s'en est départi un seul instant. Peu importe qu'il pense ou qu'il dise ce qu'Horace et Boileau ont pensé et dit avant lui, pourvu qu'il pense juste et qu'il exprime le vrai. « J'aimerais autant, disait Pascal à ce sujet, qu'on me dît que je me suis servi de mots anciens, et comme

----

(1) Saint-Augustin, *de Doctrina Christ.* IV, c. XXVII.
(2) *Traité des Passions*, art. 70. La Bruyère, *des Ouvrages de l'Esprit.* Voir aussi la définition de la *Mode*.

si les mêmes pensées ne formaient pas un autre corps de discours par une disposition différente, aussi bien que les mêmes mots forment d'autres pensées par les différentes dispositions. » Ainsi, son livre s'est grossi de nouvelles remarques, sans jamais s'altérer. Le talent de l'écrivain s'est perfectionné, et il n'a jamais eu à rougir de son premier ouvrage ; tant il puisait ses principes littéraires dans un fond vrai ! Il n'a eu qu'à se détourner quelquefois sur de petites choses et à les relever avec art, pour le rendre plus complet, plus fini, plus régulier ; ici, c'est un portrait qui est venu peindre au vif et mettre entre relief ce qui n'était d'abord qu'une pensée juste : là, ce sont de nouvelles remarques plus fines, plus pénétrantes qui acquièrent de la force par l'application qu'il en fait.

Avec tous ces efforts, est-il parvenu à la régularité ? Ce mot rappelle à la fois, et le reproche que Boileau adressait au livre des *Caractères*, et aussi la nature des additions que La Bruyère introduisit dans le corps de son ouvrage. Ce n'était pas, si l'on veut, de véritables transitions dans un sujet si varié ; mais au moins *d'une plume légère*, pour parler sa langue, conduisait-il le développement de manière à mettre comme une liaison secrète et sensible, sinon apparente, entre des pensées que Boileau s'étonnait de voir rapprochées ; et si aujourd'hui nous ne ressentons plus de secousses en passant d'un article à un autre, d'une idée à celle qui la suit, ne manquons pas d'admirer avec quel art infini, avec quelle conscience honnête, il s'est remis à plusieurs reprises dans le mouvement de ses pensées, et à rattacher avec plus de netteté et de finesse le fil délicat qui les unissait. S'il me fallait prendre un exemple pour rendre cette remarque sensible, malgré toute la difficulté d'une pareille tâche, je choisirais le passage où il parle de l'éloquence. A ses yeux, parler ou écrire, avait été d'abord agir, et il avait défini l'éloquence, un don de l'âme, qui nous rend maîtres du cœur et de l'esprit des autres. Une autre fois, en ajoutant, il a cherché à la distinguer du sublime, qui n'en est qu'une partie. Puis, à propos du sublime, il traita en passant de sa valeur, de la force des figures selon qu'elles s'éloignent ou se rapprochent de la vérité, selon qu'elles peuvent éclaircir ou obscurcir, rendre plus ou moins juste la pensée de l'auteur. Ici, enfin, dans la septième édition, il se met à la place du lecteur, et dit à l'écrivain : soyez intelligible; là, c'est dans le cœur même du sujet, et il veut qu'il vaille la peine d'être traité (1). Je pourrais continuer et suivre sa marche, en apparence

---

(1) Dans le chapitre *du Mérite personnel*, il avait dit d'abord : Dans la guerre, la distinction entre le héros et le grand homme est délicate.... Dans la 7ᵉ édition, 1692, il ajouta le portrait d'Émile, où l'on a voulu voir l'ensemble des qualités de Condé et de Turenne.

Il l'avait terminé par cette pensée : Il n'y a rien de si délié, de si simple et de si imperceptible, où il n'entre des manières qui nous décèlent. Un sot ni n'entre, ni ne sort, ni ne s'assied, ni ne se lève, ni ne se tait, ni n'est sur ses jambes comme un homme d'esprit. En 1691, il ajouta le portrait de Mopse; en 1692, ceux de Celse et de Ménippe. Et dès la 4ᵉ édition, 1689, il avait donné une nouvelle fin à ce même chapitre. Reprenant sous une autre forme la comparaison de l'homme de cœur et du

capricieuse, en réalité régulière ; j'aime mieux dire tout d'un coup ce qu'il me semble de cette unité : dans plusieurs articles qui se suivent, c'est souvent une même pensée qu'il développe, mais en partant de points différents. Ainsi, pour ne pas changer d'exemple, il examine et définit l'éloquence en elle-même, une autre fois dans les instruments du langage qu'elle emploie, plus tard, dans les sujets qu'elle traite ; enfin dans les passions qui animent l'écrivain. On dirait volontiers, à ceux qui ne veulent pas voir en lui de transitions, et à ceux qui veulent absolument voir un art supérieur à celui des transitions, ce que Balzac écrivait à Scudéri au sujet de la merveille du Cid, et de ses admirateurs : les uns ont raison ; il n'a pas de transition ; les autres n'ont pas tort non plus : car c'est le même fond qu'il définit, qu'il développe diversement. Aux yeux de la critique, les premiers peuvent bien avoir raison ; à la lecture, leurs adversaires ont gain de cause : il est attachant, et l'on ne saurait s'en séparer avant d'être arrivé à la fin d'un chapitre.

---

couvreur, qui se trouvait, dès la première édition, il assigne pour sceau au vrai mérite, le désintéressement, et pour perfection, le sacrifice : ainsi, le mérite est assuré contre toute préoccupation étrangère. Il est indépendant, il est simple, il est incorruptible. Et le chapitre tient bien mieux sa place dans le livre, tel que nous avons cru le présenter.

Quelquefois encore, il semble, à lui voir peu à peu développer tel ou tel trait, qu'il prenne conseil du public et qu'il s'enhardisse, comme par exemple dans tout ce qui touche à la dévotion.

Dans le chapitre *des Femmes* et celui *de la Mode.*

Je n'ai pas le droit de parler des dialogues sur le *Quiétisme*, non pas que l'on puisse invoquer contre cet ouvrage l'arrêt qu'il a porté contre les livres faits par des gens de partis et de cabales, non qu'il n'ait su écarter de cette question de mysticisme, toutes les difficultés, toutes les subtilités, ou Fénelon depuis aima tant à se plonger, non qu'en montrant les conséquences funestes du pur amour, et de la *motion divine* il ne les ait condamnées au moins autant au nom de la morale que de la théologie ; mais parce que l'ouvrage est inachevé, incomplet, et qu'un auteur si sévère et si parfait, ne l'aurait certainement jamais avoué dans l'état, où on nous l'a donné. Ce qu'il semble permis de dire, c'est qu'en écrivant sur le quiétisme, avant la publication du livre des *Maximes des Saints*, avant que les vives alarmes de Bossuet aient effrayé la cour, il a eu le mérite de montrer le premier les déplorables conséquences de cette opinion ; c'est que par cet ouvrage, il continuait, jusque dans la théologie, la guerre qu'il avait déclarée dans ses *Caractères* à la fausse dévotion (1).

Il y avait d'ailleurs un autre rapport entre ces deux ou-

---

(1) Fléchier a aussi écrit sur le quiétisme quatre dialogues en vers ; il y raille beaucoup, comme La Bruyère, le langage inconvenant qui devenait à la mode ; on y lit :

> On doit honorer Dieu d'un culte raisonnable,
> Se faire un art d'aimer qui lui soit convenable,
> Purifier du feu d'une divine ardeur
> Quand on parle de lui, ses lèvres et son cœur,
> Et pour représenter ses faveurs invisibles,
> S'élever au-dessus des images sensibles.   4ᵉ *dialogue*.)

vrages ; le matérialisme de la société du *Temple,* cette insouciance complète de la vie sérieuse ; ce bonheur mis
dans l'incuriosité et la nonchalance, se retrouvaient dans
le quiétisme ; en détruisant sous les beaux noms de pro-
priété et d'activité toute action humaine, en réduisant
l'homme à une indifférence, à une nonchalance absolues,
il tombait inévitablement dans une sorte de fatalisme assez semblable à celui des déistes, et alors d'un côté comme
de l'autre, plus de vertu, plus de sagesse, rien de cette
noble et libre activité qui donne à la vie tout son prix, à
la raison tout son mérite, à la piété toute sa majesté. Que
devenait le mérite personnel dont il avait si bien défini
la nature? que devenait tout son livre, où éclatait avec tant
de force la beauté de la vertu généreuse et désintéressée,
non, par l'abandon de l'insouciance, mais par l'effort de
la volonté ?

La Bruyère n'a pas seulement cherché dans l'étude des
mœurs de son siècle le sujet d'un livre ingénieux. En
écrivant, en ajoutant sans cesse à son livre, ce n'est pas
la gloire qu'il s'est proposée, il a voulu quelque chose de
plus grand; il a voulu corriger l'homme.

Tout son but, c'est de rendre l'homme raisonnable; c'est
de le détacher de l'action du monde, de le tirer en quelque sorte de la servitude : de là, la véritable place qu'il
tient parmi les moralistes.

La Bruyère est philosophe, cartésien, ami de Bossuet :

il a dirigé son livre contre la société gassendiste des libertins, la société matérialiste des esprits forts : cette société a produit le dix-huitième siècle proprement dit.

La Bruyère, n'est pas seulement cartésien dans le dernier chapitre de son livre, et dans la démonstration de l'existence de Dieu. Il l'est toujours, en ce sens, que s'il condamne les idées de grandeur, de fortune répandues dans le monde, c'est au nom de ces idées mieux définies et dégagées de tout élément étranger.

Pour son livre, chaque chapitre amène à une vérité claire, durable et ferme : l'ensemble des chapitres, amène aussi à une idée claire, durable, et ferme, qui est Dieu.

Vu et lu,

A Paris, en Sorbonne, le 3 septembre 1843,

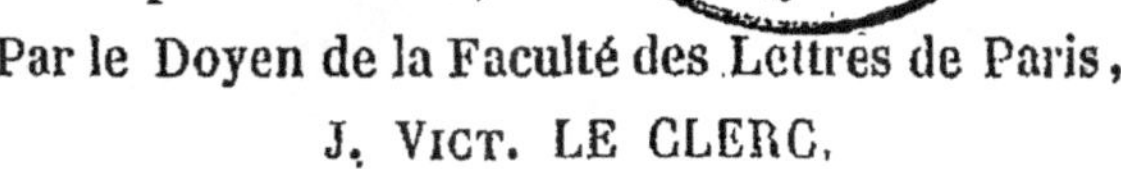

Par le Doyen de la Faculté des Lettres de Paris,

J. VICT. LE CLERC.

Permis d'imprimer,

L'Inspecteur général des études, chargé de l'administration de l'Académie,

ROUSSELLE.

www.ingramcontent.com/pod-product-compliance
Lightning Source LLC
Chambersburg PA
CBHW061406060726
47597CB00003B/986